《七宗复活》

——揭开上帝让全人类认识耶稣的计划

路易斯·鲍威尔

著

《七宗复活》
——揭开上帝让全人类认识耶稣的计划
（中文版）

路易斯·鲍威尔

著

中文翻译：黄文俊（查理）
Translator: Charlie Huang

亚马逊国际文库出版

可在亚马逊及其他零售网点购买

第一版

版权 © 2016，2017

ISBN 13：978-1-946723-01-7
ISBN 10：1-946723-01-0

出版人
「若不是他们听见」事工
德克萨斯州迦太基市

致我的妻子伊丽莎白·露丝·斯图尔特·科兹洛夫斯基·鲍威尔，

她的爱与付出无法估量，

在这个有限的物质世界上，她是完美的化身。

目录

引言

　　本书对基督教在《圣经》末日场景的标准着重点上，提出了一个基础性的典范转移。本书藉着结合神的救赎计划以及将要来的国度的预言，从而提供一个新的观点。它着眼于未被传过福音的人的结局，他们是数世纪以来，居于丛林、第三世界国家和以色列等地的人们。

　　对其可能性、想法以及理论，本书中有些主题提供了一些概念；其他一些主题则展现出实际的事实。许多读者看了可能会感到受威胁或是被冒犯，因为他们从小被教导以"容易吞咽"的方式来认识上帝。本书不是一个温柔认识上帝的途径。本书揭开了关于七宗复活事件的难以吞咽的道理，上帝以此推翻撒旦对祂创造物的统治。

　　回顾整本《圣经》中所提到的复活事件，我们会惊奇地发现，上帝为人类制定的计划中有一个井然有序的时间表。这个时间表概述了信徒何时会获得荣耀的身体与耶稣一起生活。该时间表概述了恶者何时进到火湖里面。在得救者、失丧者、以色列家和外邦人的身上，一共有七宗复活事件。这些复活事件所建立的时间表，形成了以下事件的顺序：从现今，经过大灾难、千禧年，然后结束于在永恒中所设立的新天新地。

　　本研究考虑到每一个人生命的独特性及其死后永恒的命运，力求提供一些合理的结论。每一个存活过的人，绝大部分的最终宿命，是由诸多因素塑造而成。这其中存在着无数的可能性，它们相互配合在一起，从而作出能保持合理的解释性结论，并将荣耀与尊贵归于我们

1

的主耶稣基督。本书考虑了人类生活的不同时期、不同地域，以及人们在不同心理和情感状态下的多种多样的情况。上帝所提供的救恩包含了每一个人。无论人们生于何时，居于何地，祂都提供救恩给每个人。通过这七宗复活事件所排列的，每组不同时间和不同地区的人，按顺序复活。

虽然这是浮现在一个古老话题上的新看法，但它的结论仍然遵循传统基督教之道；在不改变规范已久的教义的前提下，在《圣经》遇见模糊之处，考虑一些合理的关联。不同阶层的人都会经过审查。这里所希望达到的目标是，能绘出一幅新的画面，在不以一个容不下上帝的框架来看上帝的前提之下，为读者提供一个认识上帝的选择。

上帝按照既定顺序使每个人复活，并且每个复活事件都通过圣子彰显圣父的荣耀——"初熟的果子是基督，以后在他来的时候，是那些属基督的"（《哥林多前书》15:23）。保罗认证基督不是唯一复活的，"基督的复活是诸多之初……是属一个丰盛的庄稼……还有更多得多的庄稼要到来"[1]。"保罗描述了一个与复活相关的上帝圣命定的事件年表，但却没有试图详解所有将发生的一切"[2]，这时，他暗示了未来的复活事件。毫无置疑的是，第一个复活进入荣耀的是耶稣基督，但接下来的人是谁，这却常被人忽略。

这些未来的复活事件是有次序的，因为上帝不是叫人混乱（《哥林多前书》14:33）。"翻译成'次序'的原文字（《哥林多前书》15:23），一般具有军事含义，指一队士兵或一个军衔……这段经文似

---

[1] R.E.范·哈恩，《经文选评论：安息日经文神学注解》（第二卷）（格雷德·拉皮兹，MI：伊尔德曼斯出版公司，2001 年），222 页。R. E. Van Harn, The lectionary commentary: theological exegesis for Sunday's.

[2] D.E.加兰，《哥林多前书》（格雷德·拉皮兹，MI：贝克学术出版社，2003年），708 页。D. E. Garland, 1 Corinthians (Grand Rapids, MI: Baker Academic, 2003), 708.

乎意指一连串的时间或事件的进展。"[3]

基督未完成永恒生命的应许。祂创建了它，而后将其拓展。最终《圣经》将所有人分成两类：属于第一次复活的人，以及将经受第二次死亡的人。到最后，所有人被分成了这两类：与耶稣同在之人，或者是在火湖里与耶稣分开之人。因为上帝存在于时间之外，祂看永恒的奖赏和永恒的惩罚为分隔全人类的两个类别。上帝从起初指明末后的事（《以赛亚书》46:10）。无论是时间，或是死亡，都无法在任何层面上限制上帝。上帝在创造万物之前便已命定这七宗复活事件为进入永恒的完结性高潮。

《路加福音》24:39 中讲到，耶稣有了新的身体，让其门徒看祂手脚上的疤痕，耶稣说道："你们看我的手、我的脚，就知道实在是我了。摸我看看，魂无骨无肉，你们看，我是有的。"在基督徒的复活事件中，他们将如耶稣一样，拥有不朽的肉体和骨骼，并与他们自己的灵魂结合在一起。

上帝宣告"我使人死，我使人活"（《申命记》32:39）。上帝控制着一切生命。基督掌握使人从死里复活的钥匙。约翰在《启示录》3:7中改述《以赛亚书》22:22，"说，那圣洁真实，拿着大卫的钥匙，开了就没有人能关，关了就没有人能开的"。耶稣基督拿着大卫的钥匙归来，打开并关上门，是无人能挑战的权柄。基督就是那门，唯一通往救恩的门。（《约翰福音》10:9）。

耶稣是唯一的道路，通往父上帝唯一的路。耶稣是到父上帝那里的唯一途径（《约翰福音》14:6）。除了通过耶稣，再没有从这个物质的腐败世界进入永生的其他道路，因为他是唯一完美的赎罪祭。当

---

[3] P. 艾林沃思，H. 哈顿，《保罗致哥林多人首封书信手册》（纽约：美国圣经协会，1995 年），346 页。P. Ellingworth, H. Hatton, A handbook on Paul's first letter to the Corinthians (New York: United Bible Societies, 1995), 346.

耶稣将自己的生命舍去并再取回来时，他征服了死亡。耶稣为人创造了回到上帝身边的入口。他恳请道："凡劳苦担重担的人，可以到我这里来，我就使你们得安息。"（《马太福音》11:27-28）祂要每个人都信靠并相信祂就是我们的公义、复活和生命。

耶稣说："我若从地上被举起来，就要吸引万人来归我。"（《约翰福音》12:32）耶稣被钉在十字架上举起来，为世人而死。祂应许祂将吸引万人来归向祂。耶稣在《约翰福音》3:14-15 中讲到："摩西在旷野怎样举蛇，人子也必照样被举起来。叫一切信他的都得永生。"耶稣必须被举起并死在十字架上，所以每个人都能选择来信靠祂。因为祂曾被举起，祂将会吸引万人来对祂的救恩作一个选择，接受或者拒绝。

对于救恩必备的因素组合，《罗马书》10:13-14 中有一个有趣的补充，就是每个人都必须先听见才能相信。"因为凡求告主名的，就必得救。然而人未曾信他，怎能求他呢。未曾听见他，怎能信他呢。没有传道的，怎能听见呢。"在基督死在十字架之前，世上曾有数十亿人活过，可是他们未曾听见传道的。他们将如何相信？这些人若是不知道有选择，祂将如何吸引所有人到祂那里去呢？基督应许，祂将吸引所有的人来归向祂，而这七宗复活事件正描述了所有的人将如何听见，如何明白，如何被吸引到基督那里，并且如何选择接受或拒绝祂作他们的救主。祂为普天下人的罪作了挽回祭（《约翰一书》2:2）。作为上帝的羔羊，耶稣除去世人罪孽（《约翰福音》1:29），叫一切信他的都得永生（《约翰福音》3:16）。他是万人的救主（《提摩太前书》4:10），也是世界的救主（《约翰一书》4:4；《约翰福音》4:42）；了解这七宗复活事件，将有助于更清楚地看待上帝的救赎计划。

《约伯记》是《圣经》中最古老的书，它描述了我们救赎主的肉体复活。约伯说："我知道我的救赎主活着，末了必站立在地上。我这皮肉灭绝之后，我必在肉体之外得见上帝。"（《约伯记》19:25-26）约伯澄清道：当他遇见他的救赎主时，上帝会给他一个新的身体。

约伯生活于公元前 1600 年之前，他是一个相信上帝的人。大多数人认为约伯书中的事件发生在摩西之前。约伯具体的生卒年是不确定的，因为在《约伯记》中并无确认的参照来定他的年岁。然而，约伯早已知道他将永远与他的救赎主在一起。约伯早已知道自己的身体会腐朽，但他有信心能以肉身见到上帝。于信徒而言，这一主题贯穿整个《圣经》。那些接受基督的人，在复活的时候，他们的灵魂将与他们新的不朽身体相融合； 然而，在复活的时候，上帝为那些拒绝基督的人，提供永恒的惩罚。

《圣经》《犹大书》14 到 15 节中记录了一个更古老的宣言，就是当犹大引用了以诺对主耶稣基督复临并带来审判全地的预言："看哪，主带着他的千万圣者降临，要在众人身上行审判。"注意当基督再来，圣者要和祂一起降临。以诺的大半生和亚当处于同一个时代。以诺出生在公元前 3400 年左右，并活了三百六十五岁。这意味着《圣经》中关于基督复临的预言，他的记载是最古老的。《创世记》5:23-24 记载："以诺与上帝同行，上帝将他取去，他就不在世了。"

以诺预言说，耶稣基督将到来行审判，千万圣者将陪同祂。"千万"一词的原文是复数形式，有可能意味那将到来的数量是无法数算的。当基督复临到世上掌权，这些千万个圣者将带着他们荣耀不朽的身体与主一同复临。在将这些必要的复活事件拼凑到一起时，必须考虑到这些圣者是要陪同基督一起复临到世上掌权的。将以诺取去之前，上帝已设立了这些复活事件，并且可以保险地下结论说，上帝创造亚当和夏娃之前，已经排序好了这些事件。

读者应当研究《圣经》并确认经文对这七宗复活事件的记载。所有人皆需承认，上帝爱得如此之深，是我们所无法理解的。祂的道路非同我们的道路。上帝提供救恩给每个即将生存的人，祂用的方式特殊到一个地步，简直就是为每个人私人订制。上帝之所以可以这样做，是因为祂是我们的创造者，祂是我们的上帝。

有一次我去中国宣道时，在讲课当中，一位年轻女士问了这个问题："我是家里的第一位基督徒，因此，我会一个人上天堂，而我的家人则永远在地狱里烧吗？"在随后的多年里，这个问题每天都困扰着我。仁爱的上帝如何能将从未听过耶稣名字的父母永远送入火湖呢？如果他们从未听说过耶稣，那他们并从未拒绝过耶稣。

为了寻找这位年轻中国女士问题的答案，我研究上帝的话，在本书中，我打开我的心，并分享我所找到的答案。有些读者可能会鄙夷我所分享的内容，因为这挑战了他们从小所被教导的信念。其他读者则会把这些话隐藏在心里，但永远不会认真研究或为答案祷告。我相信我所分享的是正确的。有些读者会相信我所分享的是正确的，但不会把它与别人分享。少数的读者会在困扰他们的问题被揭开，烦恼消散时，高兴欢呼赞美上帝。上帝将赐祝福给向祂敞开心扉的人。

我祈祷这本书可宽慰读者，并在透过这七宗复活事件揭开上帝无限的怜悯与恩典之际，为每一位读者带来难以言喻的喜乐。

第一章

第一宗复活事件——耶稣基督

他也是教会全体之首，他是元始，是从死里首先复生的，使他可以在凡事上居首位。

《歌罗西书》1:18

耶稣是第一个以荣耀和不朽身体复活的人。那是第一次有人超越他自己的物质身体，进入荣耀的身体，并领受不朽坏的性质。耶稣命定了七宗复活事件。基督死了所以任何信祂的人将获得永生（《使徒行传》16:31；《罗马书》10:9）。这就是将临到基督徒的复活事件，因为信徒将要像基督一样（《约翰福音一书》3:2）。基督徒领受荣耀的身体，他们与基督在空中相遇。基督徒和耶稣联和，并经历复活，是与耶稣所经历的一样。

耶稣是诸信徒中初熟的果子。有一宗复活事件是圣徒的第一次复活，耶稣是那第一次复活的初熟的果子。这第一次复活是一个归类过程，始于耶稣，于千禧年之后结束（《启示录》20:5）。这不是一个单次的事件。任何名字被记在羔羊生命册上的人，无论何时获得荣耀的身体，都将被包括在这第一次的复活里。

耶稣是第一次复活事件的初熟的果子，他是第一次复活中第一个复活的人。《歌罗西书》1:18证实了这一点："就是基督必须受害，并且因（首先）从死里复活……”接着祂之后还有很多。许多人会从死里被复活。亚当犯了罪，将死亡带给了每一个之后出生的人。但是，基督将生命带给每一个通过祂自己的赎罪祭索取永生的人。基督将革新这个败坏的世界，并将其交付给上帝。基督将作王到永远，因为万有都服在祂以下（《以弗所书》1:22；《哥林多前书》15:27；《希伯来书》2:8）。在最后那宗复活事件之后，祂除去死亡（《启示录》21:4）。

信徒必如基督一样，也将如基督一样获得荣耀的身体。约翰宣称"我们必要像他，因为必得见他的真体"（《约翰一书》3:2）。基督在十字架上死了，但在死后第三日以祂新的身体复活。祂复活后，在往以马忤斯的路上，与两个人同行并教导他们，而后便从他们眼前消失不见（《路加福音》24:31）。当门徒在屋门关紧的房里时，耶稣瞬间显身（《约翰福音》20:19）。安息日清晨，祂告诉马利亚不要摸（抱）祂，因为祂还没有升上去见祂的父（《约翰福音 20:17》）。那同一日晚些时候，祂去见祂的门徒，对他们说"父差遣了我"（《约翰福音》20:21）。耶稣到天上，去到祂的父那里，然后在数小时后回到地上。有了荣耀的身体，圣徒能够随意遁形，穿越垣墙，亦可如耶稣那般须臾之间即能长途跋涉。

耶稣基督是第一个从死里复活并领受了祂的荣耀身体的人。祂是从死里首先复生的（《哥林多前书》15:20；《歌罗西书》1:15-18；《使徒行传》26:23），但祂不是第一宗复活事件中唯一复生的人。有圣徒随祂后面，从死里复活。他们没有在基督之前，不过他们是属于第一宗复活事件的一部分。"坟墓也开了。已睡圣徒的身体，多有起来的。到耶稣复活以后，他们从坟墓里出来，进了圣城，向许多人显现"（《马太福音》27:52-53）。这些圣徒是第一宗复活事件的一部分，只是是在耶稣之后。

按照《利未记》23:10-11："你们……要将初熟的庄稼一捆带给祭司。他要把这一捆在耶和华面前摇一摇，使你们得蒙悦纳。"当大祭司在耶和华面前摇一摇初熟的庄稼时，这些圣徒成就了此段经文中所提到的那捆庄稼。

大多数时候，大祭司在耶和华面前摇动的是一捆成熟的大麦秆，因为大麦比小麦成熟的早。在上帝悦纳将到来的庄稼之前，祂如是要求。耶稣需要以永恒的大祭司，向父上帝献上自己。"所以他凡事该与他的弟兄相同，为要在上帝的事上，成为慈悲忠信的大祭司，为百姓的罪献上挽回祭"（《希伯来书》2:17）。在祂复活那一刻，基督成了我们的大祭司（《希伯来书》5:6-10，8:1；《诗篇》110:4；《使徒行传》3:26；撒迦利亚》6:13）。祂将这一捆圣徒作为要蒙悦纳的初熟果子呈现给父上帝。耶稣与父原为一体，但这些复活的圣徒需藉着耶稣基督宝血的赎罪祭被悦纳，而他们正是如此。上帝悦纳了这捆以圣徒所构成的庄稼中初熟的果子，从而悦纳了接着要到来的庄稼，就是所有要在往后的复活事件中复生的圣徒们。

耶稣是唯一的大祭司，祂的职责要求祂在父上帝面前摇一摇这捆复活的圣徒。"坟墓也开了。已睡圣徒的身体，多有起来的。到耶稣复活以后，他们从坟墓里出来，进了圣城，向许多人显现"（《马太福音》27:52-53）。祂是我们的大祭司，打开了升入高天通道的大祭司（《希伯来书》4:14）。作为我们的大祭司，耶稣以这些圣徒为一捆灵魂的初熟果子呈现给上帝作为表率，同时认可所有未来将到的圣徒庄稼。这些圣徒曾在耶路撒冷城中向很多人作过见证。这些是之前去世的信徒，以荣耀的身体复活了，并在城中向很多人显现。

七宗复活

约翰·华富尔德（1910-2002）就任达拉斯神学院院长长达34年，他提出"这些圣徒的复活，发生在耶稣复活之后，是一个将到来的庄稼的象征，就是发生在所有圣徒复活的时候"[1]。

圣经中没有道明这些圣徒是谁，或他们死了多久。既然这些圣徒进了耶路撒冷，那他们有可能是从耶路撒冷当地的墓地复活的，这样有助于缩小对他们身份的搜索范围。在耶稣于《路加福音》16:16中宣称旧约到施洗约翰为止，耶稣对于这些圣徒的身份有所提示，"律法和先知，到约翰为止"。旧约中的圣徒止于施洗约翰的诞辰，或有可能是在他的受孕时刻。

基督在祂复活之后，建立了祂的教会。耶稣指定说"我要把我的教会建造在这磐石上"（《马太福音》16:18）。祂"将建立"预示着未来的事件。教会并没有始于旧约结束，或施洗约翰来临之时。旧约与新约教会之间有一群圣徒。在施洗约翰的诞辰与基督的复活之间的大约三十四年里，这些信徒认出了耶稣就是救世主。

马修·亨利的注释支持这一看法："那些复活的是当时代的圣徒，但在（基督）之前死；像祂的父亲约瑟，撒迦利亚，西面，施洗约翰等人，都是门徒所认识的。"[2] 约瑟（耶稣尘世的父亲），现在与耶稣一起，以荣耀的身体，在天堂里。施洗约翰（耶稣尘世的表哥）也与耶稣一起在天堂。这不是复活到属肉体的生命，"而是一次终结地复活到属永恒的生命；故而毋庸置疑，他们与他们的主一起进入荣耀，是耶稣胜过死亡的闪亮

---

[1] 约翰·华富尔德，《马修：你的天国降临》（大急流城，MI：克雷格尔出版社，1998年），第236页。John F. Walvoord, Matthew: Thy Kingdom Come (Grand Rapids, MI: Kregel Publications, 1998), 236.

[2] 马修·亨利，《马修·亨利评注圣经：未删节版》（皮博迪，MA：亨德里克森，1994年），第1770页。Matthew Henry, Matthew Henry's commentary on the whole Bible: complete and unabridged in one volume (Peabody, MA: Hendrickson, 1994), 1770.

战利品"[3]。第一宗复活事件由耶稣基督发起，其次是圣徒，他们不只是从坟墓出来，而且是在基督复活后，以荣耀身体与耶稣一起进入天堂。这些圣徒将在耶稣复临时与他一同再来。

其他人也可以加入到这一群圣徒里面，比如女先知亚拿（《路加福音》2:36）和施洗约翰的母亲伊利莎白。如果复活不局限于耶路撒冷的话，东方的博士（《马太福音》2:1-2）可以被纳入这一群圣徒里面；若是祭司长一伙的预谋顺利，成功地杀死了拉撒路的话（《约翰福音》12:10-11），他也会被纳入这一群圣徒。拉撒路是马利亚和马大的兄弟。耶稣曾叫他从死里复活到肉体生命（《约翰福音》11:43-44）。或许有更多的人曾把耶稣当作他们的救世主来敬拜，并在基督复活前去世。可能有一些是《路加福音》10:1-11里面提到的，那七十个被耶稣差遣去传教和医治的人。

这些圣徒是我们的大祭司耶稣在上帝面前摇动的一小束"禾捆"。从献禾捆为摇祭的那日算起，要数五十天，这可以让所有的以色列人来到耶路撒冷宣告"圣会"（《利未记》23:15，21）。过了这五十天，在基督和初熟果子的圣徒们复活之后，圣灵浇灌了"凡有血气的"（《使徒行传》2:17-18）。那日便是五旬节。

还有一个人应该被纳入这群特别的，以荣耀身体复活的圣徒里面，他就是十字架上的小偷。小偷在耶稣死后，但复活之前，就死掉了。小偷可以算入这捆初熟果子里面，就是在"安息日次日"，即复活节周日，我们的大祭司耶稣基督在父上帝面前摇的。

———————
[3] R.杰米逊，A.R.福塞特.D•布朗，《圣经批判性评论和阐述第二卷》（橡港市，华盛顿州：桑德凡，1997年），第61-62页。R. Jamieson, A. R. Fausset, D. Brown, Commentary Critical and Explanatory on the Whole Bible Vol. 2 (Oak Harbor, WA: Zondervan, 1997), 61-62.

这名小偷的故事在《路加福音》23:38-43 中有记载，经文显出这个小偷有悔改之意。另外有一个讥诮（耶稣）道："你不是基督吗？可以救自己和我们吧！"悔过的小偷就应声责备他。他说他们的罪责是应该受的。他还补充道："但这个人没有做过一件不好的事。"这个小偷悔过了而且看出耶稣没有做过错事，"就说：'耶稣啊，你得国降临的时候，求你记念我！'"这名小偷指的是耶稣以王的身份复临，"所以整个短语的意思是'当你以王的身份再来时'……所指的是与死里复活有关的，一宗耶稣以人子的身份在未来复临的事件"[4]。这名小偷称耶稣为弥赛亚！耶稣保证这名小偷，在当天，将与自己同往乐园。死亡会夺去这名小偷肉体的生命，但在那天他的灵魂会与耶稣同在。耶稣在第三天复活后，这名小偷便获得了他的荣耀身体。小偷的等待是短暂的。

这些圣徒，包括十字架上的小偷，现今都不是在等待着荣耀的身体。他们在第一宗复活事件中已经获得了荣耀的身体。这个小偷是耶稣在《马太福音》20:16 节中提到的一个很棒的例子，"这样，那在后的将要在前，在前的将要在后了"。上帝召唤这名小偷来得救赎，然后他在最后一刻接受了上帝的召唤。他在他荣耀的身体中与耶稣永驻天堂，因为在他以一个悔过小偷的身份去世的前几分钟，他向耶稣呼求，请祂念记他。这个小偷就死了，然后被复活了，并且以他荣耀的身体与基督永远在一起。这个小偷的见证，把希望给了每个可能会自以为绝望的罪人。

---

[4] I. 霍华德·马歇尔：《路加福音：希腊圣经评注》（埃克塞特，英格兰：伯特马斯出版社，1978 年），第 872 页。I. Howard Marshall, The Gospel of Luke: a commentary on the Greek text (Exeter, England: Patermoster Press 1978), 872.

第二章

第二宗复活事件——被提

以后我们这活着还存留的人必和他们一同被提到云里，在空中与主相遇。这样，我们就要和主永远同在。

《帖撒罗尼迦前书》4:17

教会被提是第二宗复活事件，这发生于基督驾云复临的空中，那时祂还没来到地上，"那在基督里死了的人必先复活。以后我们这活着还存留的人必和他们一同被提到（希腊：*harpazo*）云里，在空中与主相遇。这样，我们就要和主永远同在。"（《帖撒罗尼迦前书》4:16-17）。在这宗复活事件中，基督来把活着的基督徒"提"（*harpazo*）到天堂。这就是所有教会圣徒被改变并获得荣耀身体的时候。那些在耶稣复活之后死去的基督信徒们，将在被提的时候，以荣耀的身体，从死里复活。这是发生在但以理书的第七十个七之前（《但以理书》9:24-27）。被提是无法预测的，因为没有预言指出在被提之前，必须先有什么事件发生。它随时都可能发生。上帝把教会提走，并开始为末世的结局做准备。

教会被提并不是基督复临。这是两个不同的事件。要区别关于这两个事件的经文，所用的通则是：被提只影响教会圣徒，并且不包括旧约圣徒或者大灾难中的圣徒。被提发生在但以理书中为期七年的第七十个七之前，且是在后三年半的大灾难之前。在被提的事件中，基督只为教会而来不到一秒钟的时间。对比之下，在基督复临的事件中，圣徒们以荣耀之躯与基督一起来到地上作王，那时候所有的人都会看见祂。这个事件要打断大灾难，并将其终结。大灾难期间与其之前会发生的事件，在很多预言中都有描述。

基督将教会提走是为了不让其经历上帝的忿怒，因为"上帝不是预定我们受刑"（《帖撒罗尼迦前书》5:9）。上帝的大怒就是《启示录》15:1 中所提到的，是由七位天使开始倾倒出来。无人能知晓主何时会为教会而来。正如死亡，对于每一个人来说，通常都是出乎意料的，包括信徒和非信徒在内，被提也将是一件出乎意料的事。我们需要儆醒，因为我们"不知道主是哪日子，哪时辰来到"（《马太福音》25:13；24:42）。《路加福音》21:36 告诉我们"你们要时时儆醒，常常祈求，使你们能逃避这一切要来的事，得以站立在人子面前"。在上帝的大怒被倾倒在地上之前，是这宗被提事件，把教会提上天堂。

有一处常见的经文提供了被提事件的总结，是在《帖撒罗尼迦前书》4:16-18，"……那在基督里死了的人必先复活。以后我们这活着还存留的人必和他们一同被提到云里，在空中与主相遇。这样，我们就要和主永远同在。所以你们当用这些话彼此劝慰"。

另一处言及被提内容的经文，出现在《哥林多前书》15:52-53中。"就在一霎时，眨眼之间，号筒末次吹响的时候；因号筒要响，死人要复活，成为不朽坏的，我们也要改变。这必朽坏的总要变成不朽坏的，这必死的总要变成不死的。"这发生在"一霎时，眨眼之间"。

被提与大灾难（但以理书的第七十个七）之间有多少时间是个未知数。许多人相信，在被提与大灾难之间，有一段间隔。约翰·哈吉在他的《预言版圣经》中确认了介于被提与大灾难之间这段未知的时间。"被提之后的某个时侯，一段为期七年的时期将会开始，这段时期被称之为大灾难。没有一处经文注明大灾难的发生紧跟在被提之后，因此，这两个事件之间也许有一段间隔"[1]。大卫•霍金认同被提和大灾难之间可以有数年之隔。"我们可能会在天堂待上数年，然后大灾难才真正开始。被提可能在此数年以前发生。以我的角度来看，被提可以今晚就发生，而大灾难可能还要20年之后才会发生。"[2]

一些人把《马太福音》24:34解释成有一代的人会经历所有三个事件。耶稣曾言"我实在告诉你们：这世代还没有过去，这些事都要成就"。生活在与被提事件同一个时候的人，将要经历大灾难并见证基督复临。"既然在基督复临之前，肯定会紧跟着一段七年之期（第七十个七《但以理书 9:24-27》），那么如此看来，从被提直到大罪人在七年之期的开头显现，可以有长达三十三年（40减7）的时间"[3]。

"这世代"指的是耶稣基督归来之前，最后那个世代。"这世代的人们，生活于那将到来的日子里，将见证所有事件的完整过程……他们生活在那些异象奇事发生的开端，且将一直存活到耶稣以荣耀君王的身份复临，经历整个过程"[4]。路加在他的福音书中记载了相同的观点，"这样，你们看见这些事渐渐的成就，也该晓得上帝的国近了。我实在告诉你们：这世代还没有过去，这些事都要成就"（《路加福音》

---

[1] 约翰•哈格，《钦定版圣经的预言》（田纳西州，纳什维尔：托马斯•尼尔森，2011 年），第 xvii 页。John Hagee, The New King James Version Prophecy Bible (Nashville, TN: Thomas Nelson, 2011), xvii.

[2] 大卫•霍金，《启示录：理解未来》（加利福利亚州，奥兰治，加拿大：允诺出版社，2014 年），第 162 页。David Hocking, The Book of Revelation: Understanding the Future (Orange, CA: Promise Publishing, 2014), 162.

[3] 查尔斯•米斯勒，《不能逝去的时代》，自媒体新闻杂志（博斯特福尔斯，KoinoniaHouse，2000 年 9 月，Charles Missler. This Generation Shall Not Pass, Personal Update News Journal (Post Falls, ID: Koinonia House, Sept. 2000), www.khouse.org/articles/2000/289/#notes。

[4] J. F. 福尔德&R. B. 朱克，《圣经知识评论：经卷阐述》第二卷（惠顿，伊利诺伊州：维克多书籍出版社，1983 年），第 78 页。J. F. Walvoord & R. B. Zuck, The Bible Knowledge Commentary: An Exposition of the Scriptures Vol. 2 (Wheaton, IL: Victor Books, 1983), 78.

21:31-32）。"在那个时候，活在世上的世代，将见证这些事件的经过"[5]《马太福音》24 章也这么说。"这世代"是指生活于《马太福音》24章里所描述，那些可怕事件发生时的人们。活在那时的人无法认清耶稣基督将在何时得胜归来。但他们可以知道，那将在一代人的正常寿命之内发生。[6]

被提事件的发生，启动了最后一个世代的时钟。这段从被提至基督复临的时期都在一个世代以内。被提所发生的那个世代过去之前，所有关于基督复临的预言都必应验。被提标记了基督复临之前的最后一个世代。这世代的人（除了死在这个时期的人）将经历上帝的忿怒。他们将见证上帝的国在这个地球上建立。一个世代有多长？《圣经》用不同的方法测量了其长度。其中一种方法是根据父在其第一个孩子出生时的年龄来计算的，因此诸世代的长度是不同的。对于挪亚而言，一个世代大约是五百年（《创世记》5:32）。对于亚伯拉罕而言，一个世代大约是一百年（《创世记》21:5，15:13-16）。

耶稣基督的家谱为一个世代提供了一个平均的年数。这个可以用《马太福音》1:17 来做示范，把其中提到的世代总长度拿来平均。在《马太福音》1:1-17 中，耶稣的家谱可以分为三组，每组包括十四个世代。十四代中，从亚伯拉罕至大卫的这组里面，每个世代平均为六十四年。而在另外两组当中，每个世代平均为三十八年。所以被提发生时的世代，算起来可以至少有三十八年。这就意味着从被提到基督复临很可能只有三十八年。虽然最后一个世代的长度无法确定，但是《圣经》中似乎将一个世代定为三十八年。这甚至能应用到

---

[5] W. W. 维斯比，《圣经述评》第一卷（惠顿，伊利诺伊州：维克多书籍出版社，1996 年），第 89 页。W. W. Wiersbe, The Bible exposition commentary Vol. 1 (Wheaton, IL: Victor Books, 1996), 89.

[6] 劳伦斯. O. 理查德，《圣经读者之友》（惠顿，伊利诺伊州：维克多书籍出版社，1991 年），第 626 页。Lawrence. O. Richards The Bible Reader's Companion (Wheaton, IL: Victor Books, 1991), 626.

以色列人身上，因为他们在旷野流浪了一个为期三十八年的世代（《申命记》2:14）。

被提是耶稣首次提出的，记载在《约翰福音》14:2-3 中，"*在我父的家里有许多住处；若是没有，我就早已告诉你们了。我去原是为你们预备地方去。我若去为你们预备了地方，就必再来接你们到我那里去；我在那里，叫你们也在那里*"。基督是建筑大师。他正在为基督徒建造家园，那会是一个极美的家园。耶稣创造了世间万物，并正在荣耀中建造我们的家园。耶稣还是一位规划大师。祂提前数千年，就着手计划事情了。基督徒只看见了祂为整个宇宙计划的一小部分。教会被提会改变世界上的一切。教会将被移除。信徒们将获得荣耀的身体。基督徒们必成为像基督一样，并在耶稣荣耀的真体中，看见祂。那将是多么棒的一天！

重要的一点是，我们须意识到被提结束了教会时期的同时，教会并没有终结，它只是被提走了。它永不终结，因为"阴间的柄权不能胜过他"（《马太福音》16:18）。会有人在被提之后成了信徒，但他们并不是被提的一部分。在《旧约》中成为信徒的人也不是被提的一部分。所有信徒都将获得荣耀的身体。他们将与基督一样，并且同在一起，但不是所有的信徒都是教会被提的一部分。

教会之后的圣徒和旧约圣徒在不同的复活事件中获得荣耀的身体，并且，他们不是教会的一部分。被提只移走了教会，并没有结束福音向世界的普及。上帝为了要亲自接触到每一个活过的人，祂的计划是多方面的。对于教会信徒而言，被提将是一个巨大的事件；但对于其他人而言，被提只是上帝周详计划里的一步，因为他们这些人不会是其中的一部分。上帝用不同的方式将其他人带入荣耀的身体。所有事件都不同，但各具特点。

每个人都将从心中感知到上帝的呼召，来被祂充满，成为完全。"我们所有人都有一个共同点；无人生来就是完全的！我们每一个人里面都有一个空虚，如一个无底坑……除了无限的上帝，没有可以满足这个无限的空虚。而上帝想要以祂的良善来填满这个空虚"[7]。上帝在用一个极其精巧且细密的方式为我们准备永生，让其中的每一个瞬间都将使我们完全，并彰显祂的荣耀。对于教会而言，被提是重大的，而且是得胜的，但它只是打开通往永恒天堂之门的一声问候而已。

　　下列是更多提到教会被提的圣经经文：

　　《约翰福音》14:1-3；《罗马书》8:19；《哥林多前书》1:7-8;15:1-53;16:22；《腓立比书》3:20-21；《歌罗西书》3:4；《帖撒罗尼迦前书》1:10;2:19;4:13-18;5:9,23；《帖撒罗尼迦后书》2:1；《提摩太前书》6:14；《提摩太后书》4:1；《提多书》2:13；《希伯来书》9:28；《雅各书》5:7-9；《彼得前书》1:7,13；《约翰壹书》2:28-3:2；《犹大书》1:21；《启示录》2:25;3:10。

---

[7]　迈克·鲍威尔，《耶稣的胜利》（泰勒，德克萨斯州：迈克·鲍威尔出版社，1979 年），第 42 页。Michael Powell, Victory in Jesus (Tyler, TX: Michael Powell, 1979), 42.

第三章

第三宗复活事件——

教会时期后的圣徒升天

过了这三天半，有生气从上帝那里进入他们里面，他们就站起来……两位先知听见有大声音从天上来，对他们说："上到这里来。"他们就驾着云上了天……

《启示录》11:11-12

　　教会被提后的信徒会经历第三宗复活事件，就是那些在教会被提后，且在耶稣基督复临前，信靠耶稣的人。他们将会在"两位见证人"由死复生，被提到天堂（《启示录》11:12）时或是在此后不久，领受他们荣耀的身体。第三宗复活事件与第一宗复活事件相仿，就是基督先复活，众圣徒后复活；在这边就是，两位见证人先复活，然后是被兽杀死的圣徒复活。

　　接下来所说的，听起来可能会有些奇怪，但是一幅拼图，在每一片拼凑到位之前，看起来是有些奇怪的。如果能够在以下的可能性上，有一点细微的光照，这个立场就有可能站立得住。鼓励读者可以查阅经文，看看是否能找到分布于《旧约》和《新约》经文中的一些暗示，虽然不明显，但足以支持以下所说的是正确的。第三宗复活事

19

件从世上移走了所有的信徒。至少，那些分布在整本《圣经》中的暗示，能提供足够有力的证据，可以使反对的假设无效。即便使徒不曾在任何场合公开宣告，但这结论所提供的答案是符合《圣经》的。

为了给第三宗复活事件布景，教会被提了，并且上帝继续呼召人们到基督那里。如《旧约》所记载的那样，圣灵不再像教会时期那样，大大地降临在所有人身上，而是变得针对在个人身上。这并不是说，在教会被提和基督复临期间，得救的人不多。相反地，《启示录》7:9 清楚地讲到，这个时期的新信徒非常之多，是没有人能数得过来的。敌基督，就是那兽，与以色列立约，也许是玛各地的歌革入侵以色列（《以西结书》37，38）之后的结果，一开头敌基督的统治有以色列的支持；他掌权后首先迫害两位见证人，接着是迫害所有信徒，然后晚一点就反过来攻打以色列。

第三宗复活事件发生在敌基督向两位见证人宣战、战胜、并杀了他们之后不久。如启示录 11:7 记载，敌基督战胜并杀了两位见证人，"他们作完见证的时候，那从无底坑上来的兽必与他们交战，并且得胜，把他们杀了"。两位见证人在耶路撒冷说完了 1260 天的预言之后被杀，然后他们以荣耀的身体，升上天堂。这就是他们赢了兽的胜利。"过了三天半，有生气从上帝那里进入他们里面，他们就站起来。看见他们的人甚是害怕。两位先知听见有大声音从天上来，对他们说，'上到这里来。'他们就驾着云上了天，他们的仇敌也看见了"（《启示录》11:11-13）。这是教会时期后的圣徒升天，不是被提那个事件。

这个事件与教会被提不一样。教会在瞬间就被提——"眨眼之间"，但两位见证人在仇敌看着他们的情况之下，升到天堂。这是一个较慢的过程。这两个事件之间还有另一个值得注意的区别：教会被提随时都有可能发生，而教会时期后的升天却是可预测的，因为两位见证人必须要先在世上宣道 1260 天，作完见证后死亡，并在死后三天半，他们才升上天堂。

美国牧师沃伦·文德尔·维尔斯伯，生于 1929 年 5 月 16 日，1953 年毕业于伊利诺伊州伦巴第的北浸神学院，并于 1961 年在肯塔基州科文顿的髑髅地浸信会开始牧会，该教堂当时能够容纳八百人；十年不到，就盖了新教堂，可以容纳二千多人。他对《圣经》中的每一卷书都写了注释，他的圣经注释卖了超过四百万册。有两个荣誉博士学位颁赠给沃伦·文德尔·维尔斯伯。

维尔斯伯确认了所有教会时期后的信徒都可以跟在两位见证人之后升天的这一可能性，然而，他认为这是属于被提事件，并不是一个分开的事件。"这两位先知不仅奇迹般地从死里复活，而且升入了天堂！……也许是在大灾难的中间点与之前所涵盖的三年半之间，这就是所有圣徒被提的场景"[8]。维尔斯伯认为"灾中"被提是有可能的，但如上所述，这个升天并不是发生在"一霎时，眨眼之间"（《哥林多前书》15:52）。这更像是耶稣的升天，当时人们看着祂被取上升，进到云彩里面。这与教会被提不同，因为教会被提是不可预测的。敌基督是在被提之后，显现出来的，并且被提是发生在但以理书的第七十个七之前。两位见证人的升天是可以预测的，那时敌基督正掌权，并且时间来到了但以理书第七十个七的一半。两位见证人在宣道 1260 天后遇害，三天半后，他们升入天堂。

有很多基督徒，在相信是灾前被提，还是灾中被提的观点上，有分歧。几乎没有人相信灾前被提和灾中升天是可以同时存在的。很少有人在理解《圣经》时，会参考这个简单的观点。相信灾前被提的基督徒与相信灾中被提的基督徒几乎是一样多。第三宗复活事件实际上是"第七十个七之半的升天"，而不是被提。在但以理书第七十个七的前半段（1260 天），两位见证人发预言。在但以理书第七十个七

的后半段（1260 天），敌基督掌权，信徒在基督复临作王之前，被杀害并升入天堂。所有的新约圣徒将会在主复临时与祂一起归来，所以他们必须在主复临之前去到祂那里。

在但以理书第七十个七之半，敌基督杀死了两位见证人，与圣徒争战并杀死了圣徒，让常献的祭停止，用"行毁坏可憎之物"代替祭祀和贡献（《但以理书》9:27;12:11）。这是大灾难（《马太福音》24:21;《但以理书》12:1），是雅各遭难（《耶利米书》30:4-7）的起头，就是打破圣民（以色列）权力的时候（《但以理书》12:7）。上帝向所有居住在地上的人倾倒祂的忿怒。大灾难将维持1260 天（《启示录》11:3），这是第七十个七的后半段，于基督复临时结束。两位见证人在第七十个七前半段的时间里，宣讲他们的信息 1260 天。

试着想象一个世界，是没有任何基督徒生活在其中的，这幅景象对任何信徒来说，都是难以接受的。"在末日灾难中……那时候会有官方的权柄将所有拒绝敬拜世界领导人和他的像的人处死。换言之，许多反对敌基督并忠于耶稣的人将会付出生命的代价"[9]。敌基督将会杀信徒。他将憎恶所有信徒，并与他们争战，而且战胜所有信徒。"魔鬼和敌基督可以夺走信徒们的肉体，夺走他们的生命；但是却无法征服他们的灵魂"[10]。在但以理书的第七十个七之半，敌基督将统治世界大部分的地区，并且决心让所有的国家和人民拜他。他会杀死所有不敬拜他的人。"《启示录》13:7，8 揭示了兽战胜并杀死圣

---

[9]　唐德纳·斯待普斯，凯莉·霍夫曼，J. 卫斯理·亚当斯 《火圣经—新国际版-学生版》（皮博迪，马萨诸塞州：亨德里克森出版社，2010 年），第 1935页。Donald Stamps, Carey Huffman, J. Wesley Adams, Fire Bible-NIV-Student (Peabody, MA: Hendrickson

[10]　亨利，第 2478 页。

徒，并以牠的假受难和复活，使所有未蒙选之人拜牠"[11]。

像牠当年保护约伯、但以理或以斯帖那样，上帝会用同样的手法保护基督徒，就是用牠的话。牠只需要说不可碰他们的性命，撒旦就必须服从。上帝与撒旦无法有竞争。撒旦是受造的。上帝拿开对基督徒的保护，并赋予兽权柄去杀信徒。上帝仍然掌权。当兽开始统治世界，人的日子便很快要结束。教会被提是出于上帝所定的时间，教会时期之后的信徒得以升天也是出于上帝所定的时间；两位见证人与教会时期之后的信徒去与基督同在的时间到了。"以几乎前所未有的言词，经文接着叙述这兽……被赐予……从上帝而来的，被动性的……能力……来征服他们（《启示录》13:7）。第15节补充到，那些不拜兽像的将被杀害"[12]。

上帝呼召牠的子民穿过称为"死亡"的门，回家与牠同在。基督已经战胜了死亡，牠就是那门。

> 这章经文的开头重复了《启示录》11:7，"那从无底坑上来的兽必与他们交战，并且得胜，把他们杀了"。这句话同样引自《但以理书》7:21，"我观看，见这角与圣民争战，胜了他们"。这场战争的矛盾之处在于，征服别人的最终被击败，而那些被牠击败的人最终被定为得胜者。是的，在耶稣基督里，圣徒的确是得胜有余了。他们可能在世上对抗敌基督时失去生命，但他们将永远与基督同在并与基督一同作王。[13]

---

[11] 詹姆斯·M·休斯，Jr.，《启示录：圣灵与教会对话》（惠顿，伊利诺伊州：十字路出版社，2012 年），第 269 页。James M. Hughes, Jr., Revelation: The Spirit Speaks to the Churches (Wheaton,IL: Crossway, 2012),269.

[12] 罗布·达尔林普尔，《启示录和两位先知》（尤金地区，奥尔：维普和斯道克出版社，2011 年），第 105 页。Rob Dalrymple, Revelation and the Two Witnesses (Eugene, OR: Wipf and Stock Publishers, 2011), 105.

[13] S. J. 凯斯迪美克，W. 韩德瑞克森，《启示录解说》，第 20 卷，（大急流城，MO：贝壳书屋，1953 年-2001 年），第 383 页。S. J. Kistemaker, W. Hendriksen, *Exposition of the Book of Revelation* Vol. 20 (Grand Rapids, MO: Baker Book House, 1953-2001), 383.

七宗复活

基督不舍弃圣徒，将他们带回家与祂永远在一起。"灭世灾难中的兽被赐予了凌驾各方各族的权力；还有**与圣徒争战**并得胜的权力；以及有权杀死每一个不拜兽像和不接受兽的印记的人（《启示录》7-15）"[14]。世人抛弃真正的上帝，去敬拜和支持一个骗人的假上帝。"兽的忠实追随者是一个多么鲜明的对比：他们遍布于每个部落，种族，语言和民族，也就是所有地上的万民"[15]。这不包括在基督里的信徒，他们因不拜兽像而将被杀。以色列，在一段短时间内，也不包括在内；迟一点，将有一群余剩的以色列民会拒绝拜兽，敌基督将带领军队攻打他们。

威廉·亨德里克森从普林斯顿神学院获得神学博士学位，并且开始为新约写注释，但在完成前就离世了。西蒙·凯斯迪美克接手完成了以他们两人联名的新约注释。对于《启示录》11:7，他们评论说，在但以理书的第七十个七之半，上帝允许敌基督杀死两位见证人，然后杀死所有的圣徒（《启示录》13:7）。"当末世的悖逆之人拒绝救恩时，上帝便收回福音和传福音的使者，于是允许敌基督杀死圣徒"[16]。这也适用在犹太信徒上，因为他们也是基督徒。犹太信徒在但以理书中第七十个七的下半段开头时，将加入外邦信徒的殉难。敌基督将杀死任何信徒，包括犹太人和外邦人。在两位见证人讲道的前三年半，许多犹太信徒和外邦信徒受印被保护，但是上帝把能力给敌基督，让他（通过撒旦）战胜并杀死所有圣徒，包括犹太人和外邦人；没有一个信徒存活在地上。然后敌基督终于带领他的军队反过头来攻打以色列，试图彻底摧毁上帝的选民——以色列。

---

[14] 弗莱明·H·雷维尔，《国际预言会议研究》（多伦多：S.R. 布雷格斯，1886 年），第 99 页。Fleming H. Revell, *Prophetic Studies of the International Prophetic Conference* (Toronto: S. R. Briggs, 1886), 99.

[15] K. H. 伊利斯，《启示录》12 卷，（纳什维尔，田纳西州：布罗德曼和侯曼出版社，1998 年），第 228 页-229 页。K. H. Easley, *Revelation* Vol. 12 (Nashville, TN: Broadman & Holman Publishers, 1998), 228-229.

[16] 同上：凯斯迪美克，第 333 页。

路易斯•鲍威尔

约翰看见那些在教会被提后才死去的信徒的灵魂，他们在天堂等待上帝为他们伸冤，这在揭开第五印的时候发生了，"揭开第五印的时候，我看见在祭坛底下，有为上帝的道、并为作见证被杀之人的灵魂，大声喊着说，圣洁真实的主啊，你不审判住在地上的人，给我们伸流血的冤，要等到几时呢？"（《启示录》6:9-10）。他们问上帝要等多久才会给他们报仇。上帝有恩惠，有怜悯，不轻易发怒，大有慈爱。祂善待万民，不永远怀怒（《诗篇》145:8;103:8,9）。然而，上帝必在所定的时刻，向罪人施行报应，"看哪，耶和华必在火中降临。他的车辇像旋风，以烈怒施行报应，以火焰施行责罚"（《以赛亚书》65:11）。上帝施行祂报应的时间正在来临当中；上帝的回答是，让他们再安息"片时"，直到别的仆人和弟兄被杀（《启示录》6:11）。

所以，这些圣徒在等第三宗复活事件的发生，届时他们会获得他们荣耀的身体；他们等到两位见证人在耶路撒冷的街道上被杀，然后过三天半后，他们全部都以荣耀的身体升上天堂。第三宗复活事件将会发生在两位见证人以他们荣耀的身体升天之时或紧随在后。

当兽被允许和圣徒争战并战胜（杀死）所有圣徒时，教会时期后的圣徒将得到他们不朽的身体。如《启示录》13:7 所记载，"又任凭他与圣徒争战，并且得胜。也把权柄赐给他，制伏各族各民各方各国"。兽将杀死地上所有的信徒。祂以这个方式来把所有的信徒除掉。外邦信徒和犹太信徒都要被杀害。众信徒的死便是他们自己的胜利！

这些信徒不是教会。教会在早至三十五年前，就被提走了。在这场残暴的事件开始前好几年，上帝就把教会"提走"了。没有东西可以胜过教会（《马太福音》16:18）。"因我活着就是基督，我死了就有益处"（《腓立比书》1:21）。当信徒离世后，他们就与主一起（《哥林多后书》5:8;《腓立比书》1:23）。是的，兽在"肉体

25

上"战胜了信徒并杀死他们。兽得了牠的胜利，是暂时的，而且只是在地上。

有第二只兽，两角如同羊羔，说话好像龙。牠叫地上的人拜那头一个兽。牠行大奇事，叫火从天降到地上，行迷惑的奇迹，牠叫"所有不拜（头一个）兽像的人都被杀害"（《启示录》13:11-15）。信徒被杀害，然后升入天堂。

信徒们胜过兽是"因羔羊的血和自己所见证的道。他们虽至于死，也不爱惜性命"（《启示录》12:11）。他们永恒的胜利在他们死亡的时候到来，因为他们将与耶稣基督永远同在。当他们得到荣耀的身体，并升天与基督同在，他们就战胜了，他们拥有了永恒的胜利。如《启示录》14:1 所展示，那十四万四千人在天上的锡安山与基督同在（《希伯来书》12:22-23；《罗马书》11:26）。

当兽开始与圣徒争战时，活着的信徒都将会死亡。他们将以荣耀的身体，陪着或随着两位见证人，升入天堂。这是第三宗复活事件。两位见证人和信徒将不会拜兽像，所以他们被杀害了。两位见证人升天的过程为众人所见（《启示录》11:12），但与基督一同出现在天堂锡安山的十四万四千人中，没有人见证他们的升天（《启示录》14:1）。所有胜过兽的信徒都站在天上的玻璃海上；他们都升上天了，所以才在天堂里面，但是经文没有描述他们的升天过程（启示录15:2）。

圣徒透过死亡战胜了兽，并出现在天堂里的玻璃海上面，"我看见仿佛有玻璃海，其中有火掺杂。又看见那些胜了兽和兽的像并它名字数目的人，都站在玻璃海上，拿着上帝的琴"（启示录15:2）。

圣徒被授予胜利，赢了兽。这和教会被提是不同的事件。在教会被提的事件中，那些"活着还存留的人必和他们（指已死去的人）一同被提到云里"（《帖撒罗尼迦前书》4:17）。但在教会时期后的升天事件中，信徒却要殉道。看来所有的信徒都要被杀死，没有存活的。他们死，为要得到荣耀的身体。在《启示录》17:6 中，这群信徒被称为"为耶稣作见证之人"（"作见证之人"在英文 KJV 钦定版圣经译为"殉道者"）。这群信徒绝大多数都被兽杀死，所以称他们为"为耶稣殉道的人"。活着的信徒看起来不像是已经转变了，如"被提"时那样（《帖撒罗尼迦前书》4:17），但是要从必死的转变到荣耀的身体，他们必须经历死亡。这些信徒在兽、兽印以及兽的名字上得胜，是因他们被杀。兽虽然战胜了信徒并杀死他们，但这是一个属肉体的胜利，并不像圣徒所得的，是一个属灵的胜利。

结果就是世上没有信徒活在其中。这就是为什么地球上所有的人（外邦人）都拜兽。"凡住在地上，名字从创世以来没有记在被杀之羔羊生命册上的人，都要拜它"（《启示录》13:8）。所有的人都要拜兽，生命册里没有他们这些人的名字，"若有人名字没记在生命册上，他就被扔在火湖里"（《启示录》20:15）。到了命定的时候，那些拒绝基督，并去拜兽的人将被扔进火湖。

随同两位见证人升天的圣徒中，有受印的十四万四千犹太传教士（《启示录》7:3-4）和许多的人，没有人能数过来（《启示录》7:9）。这宗复活事件包括了教会时期后所有的信徒。那十四万四千人与基督一起在天上，他们被称为从地上买来的，"我又观看，见羔羊站在锡安山上，同他又有十四万四千人，都有他的名和他父的名，写在额上"（《启示录》14:1）。羔羊在天上就是基督，十四万四千人与祂一同站在天上的锡安山上。"他们在宝座前，并在四活物和众长老前唱歌，仿佛是新歌。除了从地上买来的那十四万四千人以外，没有人能学这歌"（《启示录》14:3）。这十四万四千是从地上买来的，他们在四活物和众长老前，也就是在天堂与基督同在。约翰明确表示，这十四万四千人已经不在地上了，因为他们已经升上天堂，为第三宗复活事件领头。

七宗复活

　　七位天使（《启示录》16:1）不把上帝的忿怒倾倒在圣徒身上，上帝为所有圣徒免去承受祂的忿怒，"等候他的儿子从天降临，就是他从死里复活的、那位救我们脱离将来忿怒的耶稣……因为上帝不是预定我们受刑，乃是预定我们藉着我们主耶稣基督得救……我们……要藉着他免去上帝的忿怒"（《帖撒罗尼迦前书》1:10，5:9；《罗马书》5:9）。上帝为那些拒绝祂的人预备了祂的忿怒，"信子的人有永生；不信子的人得不着永生，上帝的震怒常在他身上"（《约翰福音》3:36）。七位天使将上帝的忿怒倾倒在悖逆不信基督的人身上。上帝的忿怒是属于悖逆之子的，"不要被人虚浮的话欺哄。因这些事，上帝的忿怒必临到悖逆之子……因这些事，　上帝的忿怒必临到那悖逆之子"（《以弗所书》5:6；《歌罗西书》3:6）。

　　上帝的忿怒倾倒在拒绝上帝的人身上，从而希望他们会悔改，但没有人悔改，"其余未曾被这些灾所杀的人，仍旧不悔改自己手所做的，还是去拜鬼魔，和那些……又不悔改他们那些凶杀，邪术，奸淫，偷窃的事"（《启示录》9:20-21）。这个场景在《启示录》16:9-11 中继续进行，"他们……并不悔改将荣耀给上帝……并不悔改所行的"。上帝将忿怒倒在地上，希望更多的人能悔改，来到基督这里。信徒在祂的忿怒倾倒出来之前被移走，因为他们悔改了，并接受了基督。

　　上帝的忿怒也是用来让以色列人认出耶稣就是他们的弥赛亚。上帝与以色列人同工，来应验所命定给他们的宿命，就是切切地寻求耶稣来拯救他们（《何西阿书》5:15）。上帝已命定让以色列余剩的人呼求他们的弥赛亚——耶稣。所有的信徒都以荣耀的身体和基督一起在天上，只是这时以色列产生了一群余剩的人来向耶稣呼求。

　　一个被提的预示在以诺被取去天堂的时候出现，"以诺与上帝同行，上帝将他取去，他就不在世了"（《创世记》5:24）。以诺在大洪水到来之前就被上帝*提*上了天堂。如同以诺被提后便来了洪水，教会被提后便是升天事件。以诺被上帝瞬间带到天上，然后挪亚和他一家被免去了即将到来的审判，就是随着方舟在水中浮升，他们便得救了（《彼得前书》3:20）。

当洪水救了挪亚时，上帝灭了数百万人。一百二十年来，挪亚一直向世人宣告上帝将要用洪水灭世。但是上帝"没有宽容上古的世代，曾叫洪水临到那不敬虔的世代，却保护了传义道的挪亚一家八口"（《彼得后书》2:5）。挪亚和他一家在洪水中浮"上升"，从而得救，但是同时，这洪水却杀死了其他所有的人。两位见证人和十四万四千人，还有其他所有的信徒，都向世人警告了将要临到的上帝的忿怒。在洪水灭世时，没有人在水中悔改。当七位天使倾倒上帝的忿怒时，一样不会有人悔改。但是上帝将会拯救教会和教会时期后的圣徒，把他们事先提走。

七宗复活

第四章

基督复临

再后，末期到了，那时基督既将一切执政的、掌权的、有能的都毁灭了，就把国交与父上帝。

《歌林多前书》15:24

基督复临并非复活事件，它被列在此处，是为了把所发生的事情按顺序排列出来，并保持它们的连贯性。复临时，基督带着圣徒一起重返世间统治万民。被提和升天的圣徒与基督一起重返世间。在基督复临的时候，没有死人从死里复活。死人在被提事件和教会时期后的升天事件中，获得荣耀之身的时候从死里复活。

救恩是公平地传给每一个人的，给每一个人传的救恩是没有不同的。"犹太人和希腊人并没有分别；因为众人同有一位主，他也厚待一切求告他的人。因为'凡求告主名的，就必得救'"（《罗马书》10:12-13）。这也延伸至其他的层面，"并不分犹太人，希腊人，自主的，为奴的，或男或女。因为你们在基督耶稣里都成为一了"（《加拉太书》3:28）。在基督里有平等。

然而，以色列人与地球上其他的人之间却有鲜明的差别。"因为你归耶和华你 上帝为圣洁的民，耶和华你 上帝从地上的万民中拣选你，特作自己的子民"（《申命记》7:6）。以色列人的身份是耶和华 上帝的选民，他们是上帝圣洁的、特别的选民。这一地位在众多经文中亦有证实（《申命记》14:2, 21；26:19；28:9；《以赛亚书》62:12）。在上帝和以色列人之间，存在一个约，并且上帝会保护他们直到永远（《诗篇》121:7-8）。

　　基督复临发生于以色列人求告耶稣来拯救他们脱离敌基督军队的时候。余剩的以色列人将回归信奉耶稣为他们的救主，并求祂归来，拯救他们脱离敌基督的军队。耶稣将以至亲救赎主和复仇者的身份来回应他们的的呼求（《出埃及记》6:6；《利未记》25:47-55；《民数记》35:9-34）。

　　有很多预言的事件会在耶稣复临前发生，《马太福音》24:14所说的，会在祂复临之前应验，"这天国的福音要传遍天下，对万民作证，然后末期才来到"。《启示录》14:6 中讲到，有一位天使被派到世间给万民传讲福音，"我又看见另一位天使飞在空中，有永远的福音要传给住在地上的人，就是各国各族各方各民"。所有年纪够大能懂事的人，都将认识耶稣基督的福音。"然我指着我的永生起誓，遍地要被我的荣耀充满"（《民数记》14:21）。

　　没有人会要求小孩子们要理解，或把他们列入这群听到并认识福音的人当中。小孩子们会听到福音，但多数将不会明白。天使大声说"应当敬畏上帝，将荣耀归给他，因他施行审判的时候已经到了，应当敬拜那创造天、地、海和众水泉源的"（《启示录》14:7）。天使告诉世间万民要敬拜造物主，按照《歌罗西书》1:16 来说就是基督，"因为万有都是靠他（基督）造的……一概都是藉着他造的，又是为他造的"。《约翰福音》1:3，"万物是藉着他造的；凡被造的，没有一样不是藉着他造的"。

　　就这样，福音头一次被传遍天下。每一个活人都会听到福音。《马太福音》24:14 在此刻应验了。福音将不再对任何人隐藏，末期已经到了。第二位天使说："巴比伦大城倾倒了，倾倒了"（《启示录》14:8），这是指外邦人的日期即将满了。巴比伦是"上帝给

'兽'的世界体系的名称，就是牠统治所用的整个经济和政治组织"[1]。

外邦人的日期从尼布甲尼撒即位巴比伦国王开始，并延续到敌基督作王。在紧接着的下一节经文中，另一位天使发出一项警告，若有人拜兽，他将会被扔进火湖中，直到永远永远。《启示录》14:9-11 明确讲到，上帝希望每个人都相信耶稣基督，享受有永恒的救恩，而非去拜兽。但凡拜兽和兽像或受了兽印的人将永远在火与硫磺（火湖）之中承受痛苦。

有了一位天使向万民宣传福音，很多人可能会认为基督徒就不需要直接或间接地促进和参与向万民传福音的宣教工作。每一位相信基督的基督徒都应该尊循牠的吩咐。基督发出向万民传播福音的命令。《马可福音》16:15 对此阐明，"他又对他们说：'你们往普天下去，传福音给凡受造的听'"。《马太福音》28:19-20 中亦有相同的记载，"所以，你们要去使万民作我的门徒，奉父、子、圣灵的名给他们施洗。凡我所吩咐你们的，都教训他们遵守，我就常与你们同在，直到世界的末了，阿们"。耶稣要求基督徒把耶稣所吩咐的都教导万民。基督徒之所以传福音，因为他们爱耶稣，并且想要与别人分享他们的新生命。基督徒传福音，因为这是耶稣希望基督徒去做的事情。救恩是从上帝和牠的独生子来的。尽管我们知道我们无法把基督传到每个民族或每个子民，但我们仍将继续教导，因为这是我们主耶稣所吩咐的。一位传福音给万民的天使，永远无法取代耶稣对基督徒传福音给每个所遇之人的愿望。耶稣说去，并且教导，基督徒就应该去，并且教导。耶稣给基督徒传福音的使命，从来没有意味着他人的救赎就完全取决于基督徒的努力。基督徒应该在爱中以爱慕来跟随基督。

---

[1] 同上： 维尔斯伯，第二卷，第 607 页。

七宗复活

在但以理书的第七十个七期间，到了末后那些日子，以及大灾难发生的时候，地球上所有成年人都必须作出决定：接受耶稣为救主，或拒绝耶稣而去服侍兽。那些接受救恩的成年人被算入第三宗复活事件，并获得他们荣耀的身体。教会时期后的信徒，会与两位见证人一起在升天时或紧随其后，获得荣耀的身体。

很快，敌基督将攻打以色列，因为他们不拜兽；敌基督先与信徒征战，并杀害他们，然后调转矛头，向以色列发动战争。敌基督的军队将攻打以色列，要将他们灭绝，但在 1260 天结束后，敌基督将被耶稣基督打败，那时耶稣用以色列的弥赛亚身份归来。

"人被大热所烤，就亵渎那有权掌管这些灾的上帝之名，并不悔改将荣耀归给上帝"（《启示录》16:9）。那些瘟疫灾难存活下来的其他人（不包括以色列人）不可能是信徒，因为他们在拜魔鬼和偶像。约翰在此记载，这些存活下来的人，无人悔改归向造物主，"又因所受的疼痛和生的疮，就亵渎天上的上帝。并不悔改所行的"（《启示录》16:11）。他们将不肯悔改，"这些带结论语气的经文与上帝子民无关，而是与不肯悔改的罪人有关。因此，这段经文所强调的不是逆境的灾难，而是顽梗悖逆的不信者"[2]。信徒没有受到瘟疫的折磨，因为在第七十个七的头 1260 天当中，上帝保护他们；然后，在后 1260 天的初期，他们就升入了天堂。"人类一词须只取其世俗含义。这些不敬虔的人，有些会被杀（三分之一），其余人还是不肯悔改。这个异象与义人的结局无关"[3]。此行为令人联想到当年以色列人离开埃及时，只要门柱上没有涂血保护，最后那波瘟疫就会把家中头生的杀死。启示录中提及的瘟疫，不会伤害到那些受了耶稣血的印记的人，直到上帝赐能力给敌基督，才可以杀死两位见证人和其他

---

[2] 凯斯迪美克，第 300 页。

[3] H. D. M 斯宾塞《讲坛评论》（伦敦：芬克&瓦格纳公司。1909 年），第 267 页。H. D. M. Spence, *The Pulpit Commentary* (London: Funk & Wagnalls Company, 1909), 267.

信徒。

在敌基督统治的 1260 天内，以色列没有被灭绝，他们死了三分之二。他们感受了上帝的忿怒，而且在这时还不肯悔改，但很快以色列余剩的人将会悔改，并呼求耶稣来拯救他们，那时敌基督的军队将余剩的以色列人包围，他们被灭族的厄运会成为定局，"这全地的人，三分之二必被剪除而死，三分之一仍必存留。我要使这三分之一经火，熬炼他们，如熬炼银子，试炼他们，如试炼金子。他们必求告我的名，我必应允他们。我要说：'这是我的子民。'他们也要说：'耶和华是我们的上帝'"（《撒迦利亚》13:8-9）。

上帝在以色列中，有一群余剩的子民，将会相信祂。上帝呼召他的子民——以色列人，逃离巴比伦城，"我又听见从天上有声音说，我的民哪，你们要从那城出来，免得与她一同有罪，受她所受的灾殃"（《启示录》18:4）。从出埃及开始，上帝二百多次称以色列人为"我的百姓"，耶和华对法老说"容我的百姓去"（《出埃及记》5:1）。这个词却只有一次是被用来指教会（《哥林多前书》6:16），保罗在那段经文中引用了《利未记》26:12。此时，教会和教会时期后的圣徒已获荣耀之身且与耶稣同在天上。他们在等待耶稣重返世间统治万民，届时他们将与祂一起归来。上帝因罪预备了七位天使将上帝大怒倒在地上（《启示录》16:1）。将来在基督复临作王前，唯一的基督徒就是以色列余剩的子民。

基督复临和耶和华的日子之间有细微的区别。许多人认为二者指同一事件，但这是不准确的。耶和华的日子其实应从基督复临之前算起，所包括的日子比基督回归的那一日要多很多。《马太福音》24:21-22 明确表明，除非上帝减少人统治的日子，地球上凡有血气的都会被毁灭。从耶和华的日子开始，上帝将减少人统治的日子，并以基督的统治取而代之。

七宗复活

耶和华的日子就是基督掌管了这个世界的日子。从宣告基督将作王开始算起，到祂的强行介入来控制和统治万民。这并非被提或大灾难。这是上帝介入历史的时刻，要拯救人类免遭自我毁灭。此刻，在被各族灭绝之前，基督开始拯救余剩的以色列人——祂的*选民*。就是在这一天，"发怒的日子"，上帝奠定在地上的统治。《玛拉基书》3:2中问道："他来的日子，谁能当得起呢？他显现的时候，谁能立得住呢？"当然，答案是没有人能。没有人能与弥赛亚为敌。基督显现时，无人能站立得住，因为他们都是拒绝上帝救赎的悖逆之人。

当上帝把地球的主权赐给亚当时，人就开始治理。在原罪发生时，撒旦从亚当手中夺取了掌控和主权。在尼布甲尼撒国王统治巴比伦期间，上帝给但以理国王的梦的解释（《但以理书》第2章）。国王在梦中看到的是一个人像。这个像代表了在撒旦的影响下，人对巴比伦和世界大部分地区的帝国统治。这被称为外邦人的日期。这个像以不同的物质被分开，代表将要到来的世界帝国。最后一个国是以一块石头作代表，这个国会消灭了所有之前的国，并且将永远长存。"你观看，见有一块非人手凿出来的石头打在这像半铁半泥的脚上，把脚砸碎"（《但以理书》2:34）。这便是基督重返世间，统治祂的王国的时候。

耶和华的日子从天使宣告人子要作王了开始，就是当祂介入并阻止人类自我毁灭的时候。这一宣告记载在《启示录》11:15，世上的国现在属于基督的了，"世上的国，成了我主和主基督的国。他要作王，直到永永远远"。

耶和华的日子从此开始，并且一直到永永远远，基督以万王之王和万主之主的身份施行统治。耶和华的日子在上帝的忿怒倾倒在地上时就开始了，是在基督复临之前。耶和华的日子在基督复临前开始，历过千禧年、白色大宝座的审判、以及新天新地，并永远长存（《启示录》17:1；21:1；《彼得后书》3:12）。

路易斯·鲍威尔

复临是指基督带着已获荣耀之身的教会圣徒和教会时期后的圣徒复临，"看哪，主带着他的千万圣者降临"（《犹大书》1:14）。《马太福音》24:31 描述了基督复临，那时"他要差遣使者，用号筒的大声，将他的选民……都招聚了来"。当基督开始执行统治，天使和众圣徒分布到世界各处，预备世人。基督终于开始喊出期待已久的命令来建立祂的统治。

> 召集选民！巩固对万国的统治。向万民宣告他们的王已经到来！我去波斯拉拯救以色列人。去米吉多平原与我汇合，打那最后一仗，就是哈米吉多顿之役，届时撒旦要被绑，并封在无底坑里一千年。基督的国度来到了，万事要备齐！我们以地球所遭的灾难，来建立我大怒的日子。今天便是忿怒之日和报仇之日！拿下兽和假先知，当我回来审判时，要把他们与所有的恶人全部扔进火湖。速速为上古圣徒的复活做好准备，在以色列家复兴之前，必须就绪他们的执政地位。很快他们就会看到他们的王和他们的上帝。不到审判年龄的孩子将受到保护。[4]

与"教会被提"不同，耶和华的日子和基督复临无法在任何一个时候就发生，因为有许多预言必须在这些事件发生之前应验。

在人类自己的统治完全失败时，基督接掌王权。人道主义失败了，而且，除非上帝介入，地球上每个人都会灭亡（《马太福音》24:22），"只是为选民，那日子必减少了"。"*选民*"一词是指"上帝的子民"。它可以指犹太人、基督徒或任何一群信徒。"因我仆人雅各、我所拣选以色列的缘故，我就提名召你"（《以赛亚书》45:4）。这里的"*选民*"不是指教会，因为教会已经被提了。他们亦

---

[4] 摘自《以赛亚书》11:6；63:1；65:25；《耶利米书》49:37；18:17；《以西结书》37；《但以理书》12:1-2；《马可福音》12:26-27；《帖撒罗尼迦后书》1:8；《启示录》2:26；16:16；19:20；20:3。

非教会时期后的圣徒，因为他们已经升入天堂了。以赛亚所称上帝的选民是指犹太人。此时，世界上几乎所有的国家都在攻打以色列，要灭绝犹太人。上帝等到以色列人呼求耶稣作为他们的弥赛亚，那时祂就派耶稣来解救余剩的以色列人。《马太福音》24:30-31 和《启示录》1:7 概述了我主复临的情形，"他驾云降临，众目要看见他"。就在基督复临之前，敌基督向以色列宣战，以色列的子民这时"还"不是基督里的信徒。

我们如何知道大灾难没有在第二次世界大战时就已经发生了呢？我们现在能够知道第二次世界大战中死了多少犹太人。大屠杀中，希特勒的纳粹政权杀死了世界上近一半的犹太人口。仅仅在波兰，犹太人口从 1933 年的四百万，减至 1945 年的四万五千。大灾难期间，三个犹太里面，将会死两个（《撒迦利亚》13:8-9）。虽然希特勒屠杀一半的犹太人是已经够惨了，但在大灾难期间，三分之二的犹太人将会死亡。这还没有发生。

只有一群余剩的以色列人会在大灾难结束时存活下来。敌基督军队将入侵以色列，迫使他们逃到现位于约旦的山上。在《圣经》中，这个地区被称为以东，摩押和亚扪。但以理就此预言，"（敌基督）又必进入那荣美之地，有许多国就被倾覆，但以东人，摩押人，和一大半亚扪人必脱离他的手"（《但以理书》11:41）。这些人允许以色列人躲避敌基督的军队。

耶稣警告以色列人要留意这个恐怖日子的开头。祂叫这个作"先知但以理所说的，那行毁坏可憎的……那时必有大灾难，从世界的起头直到如今，没有这样的灾难，后来也必没有"（《马太福音》24:15, 21）。在波斯拉，即约旦的佩特拉山，以色列人找到了短时间的避难处，但看起来并没有活着逃脱敌基督军队的希望。

基督一直在等待以色列人呼求祂。基督离开天堂，来到地上，被钉十字架；在十字架上死后，祂离开地上，就回去祂天上的地方。祂在等待以色列人承认他们自己的罪行，就是在祂第一次降临时，没有认出耶稣就是他们的弥赛亚。在大灾难的时候，以色列将寻求耶稣的面，因为只有祂才是他们的救赎，这就是由何西阿发出来的预言，"我要回到原处，等他们承认己罪，寻求我面，他们在急难的时候，必切切寻求我"（《何西阿书》5:15 ）。他们在大灾难中所遭受的苦难是来自上帝的忿怒和敌基督的迫害。以色列就是在这个时候为了他们的救赎祈求上帝。

《何西阿书》5:15 中的预言接着往下记了两节经文，进入到第六章。《圣经》原稿并未划分章节。所有章节都是后期加入的。威克利夫的《圣经》（1382 年），是第一部划分了章的《圣经》。起初每章经文也未划分节，直到《日内瓦圣经》（1560 年）才同时使用了章和节来划分经文。《何西阿书》第六章是《何西阿书》5:15 的后续。《何西阿书》6:1-2 描述了以色列人呼求弥赛亚拯救他们之后所发生的事情。耶稣将*在第三日*使以色列人兴起，"来吧，我们归向耶和华！他撕裂我们，也必医治；他打伤我们，也必缠裹。过两天他必使我们苏醒，第三天他必使我们兴起，我们就在他面前得以存活"（《何西阿书》6:1-2）。基督拯救以色列后的第三天，以色列将必兴起，并获得他们荣耀的身体。这必朽坏的总要穿上不朽坏的。

保罗告诉我们，基督"……埋葬了，又照圣经所说，第三天复活了"（歌林多前书 15:4）。 以色列余剩的子民在基督降临后的第三日得到荣耀之身。在第四宗复活事件——绵羊与山羊的审判时，基督会对他们说"……来承受那创世以来为你们所预备的国"（《马太福音》25:34）。

以色列人为他们的救赎呼求上帝，旧约先知们对此给了提示。《诗篇》79:6-7 中预言七位天使向大地倾倒上帝的忿怒，"愿你将你的忿怒倒在那不认识你的外邦，和那不求告你名的国度。因为他们吞了雅各，把他的住处变为荒场"，万民受上帝的忿怒，作为他们罪过的惩罚和审判。以色列人受上帝的忿怒，是为了不同的目的。以色列的祷告继续延续至《诗篇》79:8-9 中，"求你不要记念我们先祖的罪孽，向我们追讨。愿你的慈悲快迎着我们，因为我们落到极卑微的地步。拯救我们的上帝啊，求你因你名的荣耀帮助我们，为你名的缘故搭救我们，赦免我们的罪"。

以色列国受了上帝的忿怒，来让他们悔改，并为他们的"救赎"呼求，或者是说，呼求"拯救我们的上帝啊"。他的希伯来文名字被译为"耶和华救主"，而祂的希腊名比较广为人知，叫作"耶稣"。马利亚在《马太福音》1:21 中被告知她儿子要取什么名及其原因，"她将要生一个儿子，你要给他起名叫**耶稣**，因他要将自己的百姓从罪恶里救出来"。"耶稣"意为"耶和华救主"。当然，耶稣拯救万民，因为祂是通往上帝唯一的道路。但是在世界末日，耶稣，即"耶和华救主"，将从敌基督的军队手上，拯救以色列人。

《撒迦利亚书》9:9 中，对基督第一次降临的预言里，也用了这同一个译为"救赎"的希伯来字，在《诗篇》79:9 和《以赛亚书》62:11 中的含义是"耶和华救主"，"锡安的民哪，应当大大喜乐！耶路撒冷的民哪，应当欢呼！看哪，你的王来到你这里，他是公义的，并且施行拯救，谦谦和和地骑着驴，就是骑着驴的驹子"。

《以赛亚书》62:11 也预言了以色列人哭求的结果，"看哪，耶和华曾宣告到地极，对锡安的居民（原文作女子）说，'你的拯救者（耶稣）来到，他的赏赐在他那里，他的报应在他面前'"。耶稣的报应亦在其面前。他的报应记载在下一节之后，就是在下一章：《以赛亚书》63:1-4。以色列余剩的子民终于相信耶稣是所应许给他们的弥赛亚。他们祈求耶稣拯救他们脱离敌基督的军队。这便促使了基督的复临。祂来拯救以色列人免遭灭绝的厄运。耶稣并非为了教会圣徒或教会时期后的圣徒而复临。当祂复临拯救以色列时，教会圣徒和教会时期后的圣徒与祂一同归来。祂的衣服被深四尺，长二百英里的血所溅（《启示录》19:13）。祂独自一人消灭敌基督的军队。

> 这从以东的波斯拉来，穿红衣衣服、装扮华美、能力广大、大步行走的是谁呢？就是我，是凭公义说话，以大能施行拯救。你的装扮为何有红色？你的衣服为何像踹酒榨的呢？我独自踹酒榨，众民中无一人与我同在。我发怒将他们踹下，发烈怒将他们践踏；他们的血溅在我衣服上，并且污染了我一切的衣裳。因为报仇之日在我心中，救赎我民之年已经来到。[5]

耶稣第一次来是宣告耶和华的恩年，"在耶稣第二次来临时，将会是把'我们上帝报仇的日子'带到最顶点（《以赛亚书》63:4；61:2）。仇敌将如葡萄被踹碎，并被迫从上帝忿怒之杯中，喝下他们自己的血"[6]。上帝的忿怒净化人间，并拯救以色列。以色列余剩的子民接受了上帝的救赎——耶稣，当基督复临时，他们构成了世上唯一以肉体活着的的信徒。

耶稣在《马太福音》23:37 中对以色列人说，"耶路撒冷啊，耶路撒冷啊，你常杀害先知，又用石头打死那奉差遣到你这里来的人。我多次愿意聚集你的儿女，好像母鸡把小鸡聚集在翅膀底下，只是你们不愿意"。以色列爱基督，基督也爱以色列，有如爱祂的儿女一般，这是一个多么美好的团聚。祂的浪子儿女回家了。

撒旦和他的恶魔们被锁在无底坑一千年。牠们在基督复临时，还不会被投入火湖里。基督以所有跟祂一起归来、得了荣耀身体的新约圣徒，来开启祂的国度。在祂复临后的第三天，所有旧约圣徒将获得他

---

[5] 《以赛亚书》63:1-4.

[6] W.W. 维斯比，《蒙受慰藉》（惠顿，伊利诺伊州：维克多书籍出版社，1996 年），第 159 页。W. W. Wiersbe, *Be Comforted* (Wheaton, IL: Victor Books, 1996), 159.

们荣耀的身体。所有的圣徒与基督一起掌管万国；但是任何拒绝了祂的人，都会在火湖中接受审判。

耶稣重返人间，来掌管万物，并统治万民。祂的复临并不是祂为了取悦圣父所做的最后的事情。以赛亚、以西结和但以理等先知对此预言颇多。基督统治的一千年当中，撒旦和祂的恶魔们被锁在无底坑里面。基督统治的开头充满了祂对那些获得了属灵永生的人所发出的评价。基督也将建立并指派圣徒的执政位置。祂将把一些在肉体上还存活的孩子，摆在一些位置上，来运行祂政府内的不同部门，以修复这个世界。人们将继续生活、工作、养家糊口并在千禧年敬拜和赞美上帝。

如前所述，基督复临并不属于七宗复活事件之一，因为新约圣徒都随他一同降临。基督开始作王之后还有四宗复活事件。基督的复临，在人间建立了上帝的政府。

以下是提到和解释基督复临的经文清单：

《但以理书》2:44-45；《但以理书》7:9-14；《但以理书》12:1-3；《撒迦利亚书》14:1-15；《马太福音》13:41；《马太福音》24:15-31；26:64；《马可福音》13:14-27；14:62；《路加福音》21:25-28；《使徒行传》1:9-11；3:19-21；《帖撒罗尼迦前书》3:13；《帖撒罗尼迦后书》1:6-10；2:8；《彼得后书》3:1-14；《犹大书》14-15；《启示录》19:11-20:6；22:7，12，20。

上帝说："我要怜悯谁，就怜悯谁，要恩待谁，就恩待谁"（《罗马书》9:15）。上帝的义释放出祂的怜悯，祂的怜悯释放出祂的忿怒。如果没有祂的怜悯左右管理着祂的忿怒，祂就会消灭所有的人。耶和华的日子里会参杂着上帝的怜悯。

以下清单所列的词是指耶和华的日子：

路易斯·鲍威尔

　　耶和华的日子、报仇的日子、忿怒的日子、遭遇灾难的日子、基督的日子、耶和华的忿怒的日子、祂的日子、黑暗的日子、密云乌黑的日子、发烈怒的日子、在忿恨中发烈怒的日子、遇遭难的日子，和恼恨的日子。

七宗复活

第五章

婴儿与小孩

耶稣便叫一个小孩子来，使他站在他们当中，说："我实在告诉你们：你们若不回转，变成小孩子的样式，断不得进天国。
《马太福音》18:2-3

大多数基督徒相信，孩子如果未到可对自己的行为负责的年龄之前死亡的话，他们的灵魂会进入天堂。"责任年龄"一词用来表示孩子能够区分对错的时候，能够理解上帝对救赎发出邀请的时候，以及孩子将要对自己的罪行负责的时候。这一观点被广泛接受，亨利·唐纳德·莫里斯·斯潘斯琼斯在他的圣经注释中对此进行了讨论。"我们非常清楚，在年龄未达到足以承担道德责任时死亡的孩童，无疑必会得到救赎。他们会立刻进入一个更加靠近宝座的位置。在上帝的宝座前他们是无过错的"[1]。

《圣经》对早夭的孩子会如何得到救赎，基本上是沉默的。 罗马天主教徒和基督教徒的官方教义中，从来不认为那些还未认识耶稣基督或还未被传福音的人是没有永生希望的。在人类历史上，孩童死亡率一直都非常高。大多数婴幼儿的死因，都是疾病、杀婴（特别是女婴）、堕胎、甚至还有献幼儿祭。

有许多因素导致婴幼儿的死亡，特别是女婴，而这又增加了在

---

[1] 同上，斯潘斯琼斯，第 2 卷，第 61 页。

"责任年龄"的假设下进入天堂之婴幼儿的数量。有些政府采取的独生子女政策，极大幅度地提高了女婴的死亡人数。"1990 年，诺贝尔奖得主阿马蒂亚·森估计，由于杀女婴和选择性堕胎的综合影响，有超过一亿妇女和女孩从世界人口中'消失'……据世界银行估算（2012 年），每年新增的消失女性有将近 390 万之多"[2]。如果将"责任年龄"作为提早死亡婴幼儿可接受救赎的标准，相比男孩之下，这会增加进入天堂的女孩数量。

在非洲一些国家，目前可接受的婴儿死亡率大约在 30% 到百分之 50% 之间。从 1935 年到 1939 年间，智利婴儿死亡率为 24% 。"有人估计，在中世纪时期，出生第一年内就死亡的孩子占 15% 到 20% ，也有人认为这个比例高达 50% ；有人认为在二十岁之前死亡的孩子占了 30% ，也有人认为超过了 50% "[3]。如果"责任年龄"的假设有效，并且如果 20% 的儿童在二十岁以前死亡，他们就会得到救赎并且成为与基督一同作王的圣徒。在活到成年期的世界人口总数中，估计只有 3% 的人接受救恩。这些估算结果导致在将与基督同在的圣徒中，会有超过百分之八十的人都是早年死亡的孩童。卡尔·豪布估计，"截至 2011 年，总共有大约 1076 亿新生儿诞生"[4]。这意味着有 215 亿人在儿童期间就死亡，有 25 亿人长大成人并且接受救恩。如果"责任年龄"这一概念是正确的，那么在上帝国里与基督一同作王的圣徒中，早年死亡的孩童与成人的比例会达到八比一。

---

[2] 休斯顿·伍德《和平研究之邀》（纽约：牛津大学出版社，2015 年），第 74 页。Houston Wood, *Invitation to Peace Studies* (New York: Oxford University Press. 2015), 74.

[3] 詹姆斯·舒尔茨，Jr，《德国中世纪儿童知识》（费城：宾夕法尼亚大学出版社，2015 年），第 46 页。James A. Schultz, Jr., *The Knowledge of Childhood in the German Middle Ages* (Philadelphia PA: University of Pennsylvania Press, 2015), 46.

[4] 彼得 N. 赫斯《经济增长与可持续性发展》（纽约：劳特利奇出版社，2016 年），第 76 页。Peter N. Hess, *Economic Growth and Sustainable Development* (New York NY: Routledge, 2016), 76.

　　有几段经文支持孩子在生命早期没有责任的说法。《约拿书》4:11 中，被描述为不能分辨左手右手的人，有十二万多。这些人无法分辨，所以他们被认为是无辜的。当然，《罗马书》1 章和《诗篇》19 章中讲到，没有人不知道造物主的存在，但这不包括那些因为年龄或其他因素而不明白的人。上帝愿意万人得救，明白真道（《提摩太前书 2:4》）。

　　在《马太福音》18:14 中，耶稣特别讲到，祂愿意没有任何孩子失丧，"你们在天上的父也是这样，不愿意这小子里失丧一个"。当上帝要以色列人为没有进去得地为业而负责时，祂并没有要二十岁以下的人因没有信心而负上责任（《申命记》1:39；《民数记》14:29）。

　　戴夫•伟尔曼一共著书多达六十余部，其中很多着眼于探索改善父母与子女之间关系。他从三一福音神学院获得了神学硕士学位，在基督教青年会工作了二十六年，也是利文斯通公司的创始合伙人之一。他的观点是，"上帝使每个人都有逃脱地狱惩罚的可能，祂给每个人都提供了进入天堂的机会，这就是祂差耶稣被钉死在十字架上的原因。故此，如果我们信靠耶稣，即可逃脱地狱惩罚并且进入天堂"[5]。他的论点不包括儿童的责任年龄。大多数基督徒认为儿童没有得到机会，因为他们不听福音，或者是即使他们听了也未能理解。

　　接受责任年龄作为上帝衡量儿童永生标准的方案，会出现一系列很少人愿意正视的问题。在责任年龄之前死亡的孩子，真的会得到与成年基督徒相同的奖赏吗？因为孩子们死得早，就能避免诸多的试炼和人生问题吗？有时候，孩子们幼小的人生中就有问题了。这些问题来自不同的方面，例如，来自同龄人或可鄙的成年人。孩童会受

---

[5]　戴夫•伟尔曼《孩子问上帝的惊人问题》（惠顿，伊利诺伊州：丁道尔出版社，1992 年），第 201 页。David Veerman, *Amazing uestions Kids Ask about God* (Wheaton, IL: Tyndale House Publishers. 1992), 201.

到上帝的特殊待遇，并在荣耀中，获得与受过多年试炼的成人基督徒一样的地位吗？大部分的人会答"我不知道，这是上帝的事"。

接受《圣经》支持对孩童有特殊待遇，并不能充分描述《圣经》对这个话题的记载。许多人的孩子或兄弟姐妹在出生几天后便不幸死亡。对于他与拔示巴所生的长子，就是在出生七天后就死了的那个孩子，大卫说"我必往他那里去，他却不能回我这里来"（《撒母耳记下》12:23）。大部分人会认同上帝不会将婴儿投入火湖。那不能彰显上帝的慈爱，因祂所行的无不公平（《申命记》32:4）。

大卫的儿子，之前只是一个婴儿，在上帝国里会永远一直是婴儿吗？那些早夭之人的身材与智力会永远与孩童时期一样吗？天堂中数亿孩子们的灵魂在复活时，会获得他们小型的荣耀身体吗？这些提问都是对此话题合理的关心，"在复活时，成长会即时完成还是需要经过一个渐进过程呢？这个神秘的话题最合理的看法似乎是：孩子们在复活时会立即变成成人"[6]。如果这个答案成立，那么上帝为什么还让大多数信徒经历试炼，而不让他们早夭呢？

大多数基督徒相信，所有早年死亡的孩子都会在对基督或救赎没有一丝了解的情况下得到救赎。上帝可以很容易地让这些孩子们荣耀的身体变得成熟，并且拥有成年人的身材。他们不会忍受自然活到正常年龄的人所要经历的试炼或逼迫。《圣经》提供了另一个选择，纠正了救赎的侧重点，而且给予孩子们从试炼而来的经历。有一个替代方案，可以用来审查这一难题。

有一个解决方案，可以保护因为年幼而无法理解基督之牺牲的孩子们，但赋予他们能力，可以自然成长到达每个人的成年阶段。这个解决方案移开了死亡的障碍，而且可以使上帝的计划在这些孩子死后继续存在。几乎所有人都相信上帝可以让一个早年死亡的孩子复活，

---

[6]　J. S. 莫勒《复活》（埃尔金：弟兄出版社，1901年），第100页。J. S. Mohler, *The Resurrection* (Elgin, IL: Brethren Publishing House, 1901), 100.

并使其长寿些，活到成年。这发生在《圣经》中的几个案例中：撒勒法寡妇之子（《列王记上》17:17-24），书念妇人之子（《列王记下》4:18-37），拿因寡妇之子（《路加福音》7:11-17）和睚鲁之女（《路加福音》8:52-56）。这些孩子死后都通过复活而获得了更长的生命。随着这些孩子长大到成年，他们自然就会如正常生活的孩子一样要选择接受或拒绝上帝的救赎。上帝能为一个小孩这么做，祂就能为几十亿个小孩这么做。

没有经文可以证明"责任年龄"是上帝救赎孩子的方案。事实上，这个主题没有足够的经文可以对此问题作出确定性的结论。然而，这里有一个逻辑需要进一步探究，由此所得到的结论，会不同于把责任年龄作为这个问题的合理方案。

如果孩子们在死后，可以得到救赎而且其灵魂会进入天堂，那么教会被提时，孩子们将以荣耀的身体被带入天堂。无论被提是发生在灾前、灾中还是灾后，所有孩子都会因为得了救赎而被包括在被提事件当中。如此一来，在被提之后，就不会有任何一个孩子留在世上。如果像许多人相信的那样，生命始于受孕，那么未出生的孩子也要被提，而这将导致被提时的一个极端情况；因为世上将没有孕妇留下来。在一眨眼之间，随着孕妇腹中的胎儿跟教会一起被提，孕妇就不再有身孕了。

问题并未就此结束。当耶稣复临时，世上就没有剩下任何人给基督统治。得到救赎的信徒会获得荣耀的身体，并与基督一同作王，但那些拒绝救赎的人则会被投入火湖。然而，上帝国必有臣民，因为耶稣告诉他的使徒们，"到复兴的时候，人子坐在他荣耀的宝座上，你们也要坐在十二个宝座上，审判以色列十二个支派"（《马太福音》19:28）。《撒迦利亚书》14:16-18 中可以明显看出，千禧年中会有外邦人的民族，"所有来攻击耶路撒冷列国中剩下的人，必年年上来敬拜大君王"。当基督复临并施行统治时，列国将会继续存在，但如果孩子们自动得赎，他们将和其他圣徒一起与基督同在，而且就没有人活下来作为千禧年上帝国的臣民了。

根据《马太福音》25:46，基督降临时，所有拒绝救赎的人"要往永刑里去"，而所有接受了救赎的，"那些义人要往永生里去"。这个场景也出现于《提摩太后书》2:12："我们若能忍耐，也必和他一同作王。我们若不认他，他也必不认我们"。耶稣复临后，施行审判时，对信徒们说："你们这蒙我父赐福的，可来承受那创世以来为你们所预备的国"（《马太福音》25:34）。《圣经》严格教谕所有接受救赎的人，在上帝开始千禧年统治时，他们将与基督同在；同时，所有拒绝救赎的人都将被投入火湖。在大灾难期间，所有活着的成年人不是接受就是拒绝救赎，要么与基督同在，要么被投入火湖。那么，谁将以肉体活下来应验上述《撒迦利亚书》14:16-18 中的预言呢？除非孩子活下来，否则就不会有剩下以肉体活着的人，来接受基督的统治。

凡接受了基督的人将与基督永远同在，并与祂一同作王，他们不是上帝国的臣民。凡拒绝基督的人将被投入火湖，他们也不是上帝国的臣民。凡活下来并成为上帝国在世的臣民者一定是孩子们。在哈米吉多顿之役后，唯一能够存活下来成为上帝国臣民的人，就是在列国中剩下的孩子们。再次注意一下《撒迦利亚》14:16-18 和当中所没有说的；其中没有说"所有来攻击耶路撒冷的人"，而是说，所有来攻击耶路撒冷列国中剩下的人："所有来攻击耶路撒冷列国中剩下的人，必年年上来敬拜大君王"。那些来攻击耶路撒冷的人将会在火湖中，但在列国中活下来的孩子们将会在千禧年的上帝国里长大。

记得耶稣在谈到孩子时说的话，"让小孩到我这里来，不要禁止他们，因为在上帝国的，正是这样的人"（《马可福音》10:14）。一个合理的结论就是：上帝国将首先充满了历经大灾难存活下来的孩子们。或许，早年死亡的孩子不会自动得到救赎。或许，责任年龄的观点并非孩童得到救赎的方案。

在大灾难期间，许多孩子和年轻的成人在尚不能区分对错时便死去。他们不能选择接受或拒绝上帝的救赎，因为他们还太年轻还无法理解。想想看在此之后，上帝在千禧年的上帝国中使他们复活的可能性。这些死去的孩子，以及所有之前世世代代死去的孩子们，凡属犹太人的，在第五宗复活事件中复活，凡属外邦人的在第六宗复活事件中复活。在大灾难中存活的孩子，将成为上帝国的臣民，"因为在神（天）国的，正是这样的人"（《路加福音》18:16；《马太福音》19:14）。

门徒们不让小孩子到耶稣这里来。但耶稣说："让小孩到我这里来，不要禁止他们。因为在天国的，正是这样的人"（《马太福音》19:14）。是的，一个人若没有像小孩一样的信心，断不得进天国，这句话是真的（《马太福音》18:1-5）。可是，耶稣的声明也可以指天国建立只从孩子开始，而这里提供了耶稣的描述。在基督统治的开头，国中的臣民只有孩子，基督和圣徒们将统治充满了孩子的大地。此概念被赞恩·克拉克·霍奇（1932-2008）所支持。从 1959 年至 1986 年，他在达拉斯神学院教授《新约希腊文》和《释经学》。作为德克萨斯州休斯顿市格瑞斯神学院创始人以及达拉斯神学院的客座教授，戴维德·安德森描述这个可能性是一个合理的结论。

当耶稣以万王之王和万主之主的身份复临时，祂把以信心相信上帝的人，和不接受并拒绝上帝的人分开。在《马太福音》25:31-34，耶稣称信徒为"绵羊"，并且称拒绝上帝的人为"山羊"。耶稣王将把获得荣耀身体的信徒（绵羊）分到上帝的国度里，但是那些拒绝上帝的人（山羊）将被扔进火湖里直到永远。

在绵羊与山羊被划分开来之后，只有存活的孩子（肉体上的）剩下来充满这个国度。"这些人要往永刑里去，那些义人要往永生里去"（《马太福音》25：46）。换言之，如果所有的非信徒都不在了，所有的信徒也不在了，那还有谁剩下来，可以生活在千禧年当中呢？一个有可能的答案是……剩下的孩子们，因为他们还未做决定。他们怎能做得了呢？因为他们还没有达到主会要他们负责的年龄。[6]

耶稣统治下的国度是一个有肉体活人生活在其中的国度，可是却将是一个和平的国度。《以赛亚书》11：6 记载："豺狼必与绵羊羔同居，豹子与山羊羔同卧。少壮狮子，与牛犊，并肥畜同群。小孩子要牵引他们"。小孩子要牵引并且照顾他们，因为这些人将是第一批生活在这国度的人。来自各个世代的圣徒们，以荣耀的身体与基督一同作王，并与上帝的天使一道保护孩子以及上帝的创造。

早年死亡的孩子或婴儿，以及流产和坠胎的婴儿在天国里都可以活到百岁。"其中必没有数日夭亡的婴孩，也没有寿数不满的老者；因为百岁死的仍算孩童，有百岁死的罪人算被诅咒"（《以赛亚书》65：20）。基督能使所有孩子复活，再次让他们在祂的国度里生活。因为在耶稣基督的统治下成长，所以这些孩子不会受到任何伤害。当然，孩子们需要父母进行合适的照顾和指导。在上帝国里，孩子们会有父母，婴儿会有母亲。早年失去孩子的信徒母亲们，可以在神国里抚养她们的孩子。耶稣复活后行走、说话、进食，在上帝国里，信徒们亦是如此。不幸的是，拒绝基督并因过往悲剧而失去孩子的母亲们，将无法在上帝国里抚养她们的孩子。在基督统治一开头，所有拒绝上帝救赎之人，皆被投入火湖。上帝将为每个孩子安排仁慈父母，养父母会给予孩子们如亲生父母般真诚无私的爱和呵护。

---

[6] 大卫 R. 安德森，《自由恩典救世神学》（梅特兰，佛罗里达州：旭隆出版社，2010 年），第 266 页。David R. Anderson, *Free Grace Soteriology* (Maitland, FL: Xulon Press, 2010), 266.

在揣测那些流产或遭受堕胎的孩子将在神国里复活时，有一个问题：在千禧年里，对于未出生的孩子身上会有什么事情发生，是纯属猜测，但上帝有能力照顾这些孩子并赐予他们所需要的一切，他会给这些孩子分派可以接受他们的母亲来照顾他们。

还有一些人仍旧是死去的，他们既没有接受也没有拒绝基督，因为他们从未知晓基督。这些人将作为以色列家的一部分（第五宗复活事件）或作为其余亡人的一部分（第六宗复活事件）被唤醒。这些人似乎是一个合理的人选，来成为基督统治下的上帝国臣民。

七宗复活

第六章

第四宗复活事件——

绵羊与山羊的审判

于是，王要向那右边的说："你们这蒙我父赐福的，可来承受那创世以来为你们所预备的国。"

《马太福音》25:34

    第四宗复活事件也被称为绵羊与山羊的审判。《马太福音》25:31-46 中记载，在这次复活事件中耶稣会把所有的民族、种族群体以及个人信徒，与那些拒绝上帝救赎的人分开。教会在被提事件中被移走。剩下的信徒会在教会时期后的升天（第三宗复活）事件中，从世上移走。当基督开始统治时，除了以色列信靠耶稣的余民，世上只会有两群人。一群是由那些拒绝基督而敬拜兽的人组成，这些人很快就会被审判并且被投入火湖。另一群是孩子，就是还太年轻而不能自主选择上帝的，他们渡过了大灾难，并进入了千禧年的国度。

    在《提摩太后书》4:1 中讲到，圣徒保罗认为这绵羊与山羊的审判就是对活人和死人的审判，"我在上帝面前，并在将来审判活人死人的基督耶稣面前，凭着他的显现和他的国度嘱咐你……"当基督复临作王时，他会审判活人与死人。在《彼得前书》4:5 中，彼得也提到了这一点："他们必在那将要审判活人死人的主面前交账。"

七宗复活

　　《圣经》中提到了两次复活后的审判。第一次是第四宗复活事件中绵羊与山羊的审判。第二次是第七宗复活事件中白色宝大座的审判。绵羊与山羊的审判，在其他几段经文中亦有提及：《诗篇》50:1-6和《但以理书》7:11-28。《但以理书》12:1-3中写到，"睡在尘埃中的，必有多人复醒"。当祂回到地上开始统治时，基督把人们分成两群：绵羊与山羊。祂将审判万民，就是各个民族中所有接受或拒绝上帝的人。祂的审判不包括教会或教会时期后的圣徒，因为他们在这次事件之前已然获得荣耀的身体。这个审判发生于基督与所有新约圣徒一起归来之时。查尔斯·西蒙确认，这个事件发生在基督归来击败敌基督并建立其统治之时。"紧随着这段的前后文使我们认为此处会有些事情发生，就是在基督归来并击败所有敌基督势力，于全世界建立其王国之时"[1]。

　　《约珥书》3:2中，描述了在绵羊与山羊的审判前一刻上帝要做的事情："我要聚集万民，带他们下到约沙法谷，在那里施行审判；因为他们将我的百姓，就是我的产业以色列，分散在列国中，又分取我的地土。"这就是基督归来施行统治以及审判时的哈米吉多顿之役。

　　作为达拉斯神学院圣经博览会的教授，约翰·德怀特在评论《约珥书》3:2时讲到：

> 先知揭示道：对外邦人的审判会发生于主耶稣在以色列境内复兴以色列国的时候；所以也就是在基督复临的事件当中，重新聚集和审判以色列之后。这次审判必须在设立千禧年国度之前施行，因为在这次审判中，被上帝接纳的人会被带入国度里（《马太福音》25:34）。[2]

---

[1]　查尔斯·西蒙《霍莉说教：耶利米致但以理信》，第九卷（伦敦：霍尔兹沃思与鲍尔，1832年），第568页。Charles Simeon, *Horae Homileticae: Jeremiah to Daniel* Vol. 9 (London: Holdsworth and Ball, 1832), 568.

[2]　约翰·德怀特五旬节《即将发生的事情》（大急流城：桑德凡出版社，1965年），第415页。John Dwight Pentecost, *Things to Come* (Grand Rapids, MI: Zondervan, 1965), 415.

路易斯•鲍威尔

　　绵羊会继承这个国度与基督一同进入永生。血肉之体不能承受上帝的国（《歌林多前书》15:50）。这些是信徒，就是那些生活在施洗约翰之前，并以信心接受了救赎的人（《罗马书》4:3-8；《希伯来书》11），旧约圣徒被视为绵羊而分开。他们会在耶稣开始施行统治时，继承这个国度。那些在施洗约翰到来之前，出生并接受上帝救赎的人，在绵羊与山羊的审判中，他们会获得荣耀身体，并且与其灵魂结合。旧约圣徒就是绵羊。这将在基督开始千年统治之初发生。对于那些拒绝救赎并在基督复临作王之前死亡的人（从亚当到基督复临），他们的灵魂在阴间里面等，*Sheol* 是一个受痛苦的地方（*Sheol* 是希伯来文，就是死人等待审判的地方；等同于希腊文的 *Hades*。这些字在英文圣经里面，翻译成 *Hell* 或 *grave*，就是中文圣经中的*阴间*。见《创世记》37:35、《约拿书》2:2、《诗篇》16:10、139:8、《箴言》23:14、《以赛亚书》5:14、《哈巴谷书》2:5、《路加福音》16:22-23、《启示录》20:13）。那些从创世之日起就拒绝救赎的人，也将复活并被视为山羊。山羊将被丢进火湖中直到永远。基督复临之前拒绝救赎的人，在绵羊与山羊的审判中会被判为山羊，他们会受到永恒的刑罚，就是被投入火湖。这是一个永恒的审判，于基督开始统治时施行。

　　在绵羊与山羊的审判中，兽和假先知会被投入火湖，如《启示录》19:20 所讲，"那兽被擒拿，那在兽面前曾行奇事、迷惑受兽印记和拜兽像之人的假先知，也与兽同被擒拿。他们两个就活活地被扔在烧着硫磺的火湖里"。兽、假先知和每一个拒绝基督的人，都会从地球上被洁净掉，并被投入火湖。凡拒绝基督之人就永远灭亡了。

　　《马太福音》24:30 和《启示录》1:7 在预言基督复临中，引用了《撒迦利亚》12:10，"我必将那施恩叫人恳求的灵，浇灌大卫家和耶路撒冷的居民。他们必仰望我，就是他们所扎的；必为我悲哀，如丧独生子"。《马太福音》中补充道，"地上的万族都要哀哭"。《启示录》中写到，"众目要看见他，连刺他的人也要看见他"。罗马士兵是直接将耶稣钉在十字架上并且刺穿了他肋旁的人。"哀哭的人不是那些实际钉钉子在耶稣身上的人,而是对自己拒绝耶稣感到愧疚的人"[3]。耶稣在荣耀中复临时,定了每一个人的罪,"所有不敬虔的人,不只是那些实际刺穿祂身体的人,还有那些以自己的罪恶刺穿祂的人,在仰望祂的时候都会颤抖"[4]。这必须要有一宗把世世代代所有拒绝基督的人,全都复活的事件。这些就是那受审判的山羊。

当耶稣开始与祂的圣徒统治全世界和以色列的时候,天国中所有的不义,全部被洁净掉(《提摩太后书》2:12;《马太福音》19:28)。"他招呼上天下地,为要审判他的民,说:'招聚我的圣民到我这里来,就是那些用祭物与我立约的人(以色列)。'诸天必表明他的公义。因为上帝是施行审判的。"(《诗篇》50:4-6)。

---

[3] G.K 比尔《启示之书:希腊经文评注》(大急流城:佩特诺斯特出版社,1999 年),第 197 页。G. K. Beale, *The book of Revelation: a commentary on the Greek text,* (Grand Rapids, MI: Paternoster Press, 1999), 197.

[4] 同上:贾米森,福赛特,第 552 页。

第七章

他们中必有多人复醒

睡在尘埃中的，必有多人复醒，其中有得永生的，有受羞辱、永远被憎恶的。

《但以理书》12:2

圣经旧约书卷中有许多处教导了死人会有一个复活。《但以理书》12:1-2 节经文明确提到了接受或拒绝上帝救赎的人在死后有一次审判性的复活。这次复活并非针对所有的死人，只针对"睡在尘埃中的多人"。有些人会复醒，有些人会继续安息，直到未来某个时间。

> 那时，保佑你本国之民的天使长（原文作大君）米迦勒必站起来，并且有大艰难，从有国以来直到此时，没有这样的。你本国的民中，凡名录在册上的，必得拯救。睡在尘埃中的，必有多人复醒，其中有得永生的，有受羞辱、永远被憎恶的。[1]

请关注第二节中列出的三群人："睡在尘埃中的，必有多（不是全部）人复醒，其中有得永生的（第一群人），有受羞辱、永远被憎恶

---

[1] 《但以理书》12:1-2

的（第二群人）"。既然，"睡在尘埃中的多人"无法是"所有安息了的人"，余下那些仍在安息的，便是剩下的死人（第三群人）。

贾米森、福赛特和布朗的注释书中使用了《启示录》20:5 中的同一个词"其余的死人"来代表《但以理书》12:2 中所剩余的死人，"不是一宗普遍性的复活事件，而是一宗只属于在头一次有份的人的复活事件。其余的死人直到千禧年结束以后才会复活"[2]。《但以理书》12:2 中"其余的死人还没有复活，直等那一千年完了。这是头一次的复活"（《启示录》20:5）。新约把所有世世代代中得到救赎的人都列入"第一次复活"中的一部分，而这是一个分类，并不是一个事件。记载在《启示录》20:5 中复活的人，是列在第十章讲述的第六宗复活事件中的。

大多数圣经学者通过列举上述三个人群来总结《但以理书》12:1-2。有几位学者认为，以色列之所以被包括在这段经文中，是因为英文圣经第二节开头的"和（and）"一词将第一节和第二节连接了起来。以色列家也将在这个预言中得以复活，不过是如《以西结书》37 中所讲的肉体复活。以色列家可以说是为该段经文增添了第四群人。

耶稣在《马太福音》25:31-46 中所阐明的绵羊与山羊之审判，为《但以理书》12:2 中复活的人，提供了肯定性的支持。耶稣提到那些继承天国的人是绵羊（第一群人），那些被永远投入火湖的人是山羊（第二群人）。在《马太福音》第 25 章中，耶稣没有提到那些剩下的死人，但他在《约翰福音》第 5 章中提到了（第三群人）。在《马太福音》第 25 章中，耶稣还提到了祂的弟兄（以色列人），这与《但以理书》12:1 中"你本国之民"相符（第四群人）。

《但以理书》第 12 章中的预言，发生在大灾难结束之后。因为在《但以理书》12:1 中提到了*有大艰难，从有国以来直到此时，没有这样的*，而这就是基督在《马太福音》24:21 中下定义的大灾难：

---

[2] 出处同上，贾米森、福赛特和布朗，第 648 页。

"因为那时必有大灾难，从世界的起头直到如今，没有这样的灾难，后来也必没有"，这确认了这两个预言指的是同一个时期。

"你本国之民"一词，把以色列家指了出来。由于教会圣徒和教会时期后的圣徒在行绵羊与山羊的审判之前便与基督同在了，所以《马太福音》25:33-34 中所提到的将继承天国的绵羊，就是旧约圣徒。《马太福音》25:33 中提到的绵羊将会包括大卫，他将复活与基督一同作王。"你们却要事奉耶和华你们的上帝，和我为你们所要兴起的王大卫"（《耶利米书》30:9）。这个事件发生在旧约圣徒复活并获得他们的荣耀身体之时。

大卫说到自己会以救赎主的形象醒来时，他引用了与《但以理书》中"复醒"同一个希伯来字。"至于我，我必在义中见你的面；我醒了的时候，得着你的形象，就心满意足了"（《诗篇》17:15）。当基督以以色列王的身份掌权到永远时，大卫将会在天国里，如《以西结书》37:24-25 中所描述的，"我的仆人大卫必作他们的王，众民必归一个牧人……我的仆人大卫必作他们的王，直到永远。"但是，如《但以理书》12:2 所述，不是所有死后躺在坟墓中的人都会在这个时刻复醒。在天使给但以理的预言中，"睡在尘埃中的，必……"，只"……有多人……"复醒。

A..A..贝文在他《但以理书》的注释书中，确认了这一关于《但以理书》12:2 所讲的观点。"然而，在这里，复活事件远远不是普遍性的；它包括'多人'而不是全部的死人……那些复醒的人被分为两类，按照第十一章 32 节所描述的来区分……'永恒的生命'……意思显然是个人的永生……复活的恶人将永远成为遭受责备和憎恶的对象。"[3]

---

[3] A. A. 贝文《简评但以理书简评》（伦敦：剑桥大学出版社，1892 年），第 201 页。A. A. Bevan, *A Short Commentary on the Book of Daniel* (London: Cambridge University Press, 1892), 201.

七宗复活

托马斯·康斯特布尔博士在达拉斯神学院中，于圣经解说上，位居高级荣誉教授，他为圣经中每一卷书都著了注释。在对《但以理书》12:1-3 的注释中，他识别出有两群人会复活，有些在当下，还有一些在以后。"这里的用词厘清了，不是所有人都会在那时复活，有些人会在其他时间复活。"[4]

要《但以理书》12:1-2 中提到的所有死人都复活，必须有三次不同并分开的复活事件。第一次："有多人"复活，其中有得永生的，有被憎恶的。第二次：第一节中的"你本国之民"把以色列连进复活的人当中。第三次："多人"复活期间仍旧安息的"剩下的死人"的复活，他们会在以后复活——《启示录》20:5。这三次复活事件绘出了四群的人。

1832 年，詹姆斯·尼斯贝特在其注释中明确区分了这四群人。

> 作者也以同样的程度承认，所预测的复活中，这两类人都有。然而，他们似乎并没有观察到，我们对这一点的了解，是建立在这两类人都被包含在"多人"中的事实之上的。如果不是这样，这个预言就没有预测两类人会复活了；因为必复醒的是这些"多人"。他们不是死人的全部，但他们是这次预言中所有要复活的人的总数。因此，这不是一宗广义的复活，而是一宗狭义的复活——虽然包括不同且不类似的人，但发生的时间却没有不同。这是单次的复活事件，在一个特定的时间——就是在以色列复兴之时……这不是因"有得……的……有受……的"这词的重复，也不是因经文中提到复醒的有两类人的事实，从而"清楚地"标示出两次复活事件；而是因这两类人的复活，只是*所有死人中的*多人；剩下的人，当他们复活时，就形成了*第二次*的复活……复

---

[4] 托马斯 L·康斯特布尔《但以理书注释》（沃思堡：Sonic Light 出版社，2016 年），第 147 页。Thomas L. Constable, *Notes on Daniel* (Fort Worth, TX: Sonic Light, 2016), 147.

活得永生的人和复活受羞辱的人共同构成了这里的"多人"，所以，当这些人复醒时，其中的一类复活时，另外那一类也必须复活。[5]

汉弗莱•霍德在他的《同体复活》一书中的论述，确认了《但以理书》12:2 中的观点："我必须自愿地承认，'多人'一词使这段经文变得很困难……因为'多人'和'……中的……多人'之间有很大的差别。有多人睡在尘埃中，但是睡在尘埃中的多人，不能被说成所有睡在尘埃中的人……'……中的……多人'显然不包括某'一些'"[6]。

说白了，"多人"就意味是*非全部*。其余睡在尘埃中的人就是《启示录》20:5 中所讲的那些直到那一千年结束后才会复醒的"其余的死人"。

对于其余的死人，霍德接着给了一个很有趣的评论。他宁愿"道德异教徒"不再继续走向永恒的火焰，而是停在死掉的状态。上帝提出了比这更好的计划。霍德渴望看到上帝为那些正派异教徒命定的计划：

我愿意相信……基于这段经文，可能有些人直到末日都不会复活：他们是谁？在我的想象中，不会复活的人又是谁？是凭着上帝赐予的光且道德良好的异教徒。我不想将他们列入悲惨的人当中，也看不到他们有获得救赎的可能。我愿意相信上帝的天命中会有一个折中的办法，而那就是灭绝。我愿意相信，任何教派中，所有*邪恶*的人，被复活定罪，所有在恩典之约内的好人，被复活得赎；那么，那些恩典之约以外的好人，根本就不要

---

[5] 詹姆斯•尼斯贝特《清晨的守候》第 2 卷（伦敦：埃勒顿与亨德森，1832 年），第 348 页。James Nisbet, *The Morning Watch* Vol. 2 (London: Ellerton and Henderson, 1832), 348.

[6] 汉弗莱•霍德《同一体的复活》（伦敦：奥恩夏姆和约翰•丘吉尔出版社，1694 年），第 100-101 页。Humphrey Hody, *The Resurrection of the Same Body* (London: Awnsham and John Churchill, 1694), 100-101.

被复活，而是被彻底灭绝。但这只是一个稍纵即逝的想象。[7]

霍德想找出上帝有什么计划，给那些看起来没有糟糕到必须受悲惨到永远的人们。如果上帝不为了永恒的惩罚把一些人复活，而是让他们永久死亡，他认为这样会更好。他没有考虑到上帝会让"其余的死人"复活，从而让他们可以了解基督并接受（或拒绝）祂的救赎。霍德明确表示这样更好：让这些人永远被除去，永远不要复活，而不是永远在火湖里燃烧，只因为他们完全无从知晓上帝赐予他们的任何救赎。

在十二章的第四节中，上帝告诉但以理要封闭这预言，直到"末时"圣经知识得到增长的时候，"但以理啊，你要隐藏这话，封闭这书，直到末时。必有多人来往奔跑（或作切心研究），知识就必增长"。现在就是"末时"了，这个预言正要被"解封"启示出来。

塞缪尔·诺伯认为，其中一些好人会在以后复活：

> 那么，大多数人都认为，无论身体是否会再次复原，复活都会延伸到*全部*沉积在尘埃中的人身上：然而，这段经文中只提及睡在尘埃中的，必有*多人*复活：这个难题无法克服到一个地步，倡导身体复活中，比较公正的人，会承认这段经文无法与该主题有关联。如果我们要严格遵照'*睡在尘埃中*'的每一个字，我们就必须遵照'*多人*'一词：因此，如果我们认为这段经文说睡在尘埃中的，必有多人复活，那么我们就一样肯定地认为它说有些人不会复活。[8]

剩下还睡在尘埃中的人，就是约翰在《启示录》中标示为"其余的死人"，他们会在那一千年结束后复活。

---

[7]　同上，第 102 页

[8]　塞缪尔·诺伯《代表信仰和生命教义的呼吁》（纽约：约翰·艾伦，1851年），第 53 页。Samuel Noble, *An Appeal in behalf of the Doctrines of Faith and Life* (New York: John Allen, 1851), 53.

路易斯•鲍威尔

一些译文通过用"许多"或"大量"来代替"多人"一词，试图解决这个难题，但这仍然不代表"全部"。"睡在尘埃中的，必有大量的人复醒。其中有得永生的，有受羞辱永远被憎恶的（英文新国际版圣经 NIV）。"大量"一词并不能代表"全部"。这节经文中，被翻译成"多人"的希伯来语原文的字是 *Rab*，并在旧约中被使用了 400 多次。该词从未被翻译成"全部"，因为它的意思永远都不可能是"全部"。

这节经文的谜在上一节，就是第一节，提及的"你本国之民"中继续加深。约翰•飞利浦对许多圣经书卷都作了注释，他称弗兰茨•德利奇为"最伟大的希伯来学者"[9]。在他们的旧约注释中，C.F. 凯尔和弗兰茨•德利奇坚持认为《但以理书》12:2 必须与第一节连接住。他们进一步表明，'多人'复活必须包括以色列——上帝的子民在内。这意味着当'多人'复活时，以色列家也会和他们一起复活。

弗兰茨•德利奇（1813-1890）是莱比锡大学从事旧约研究的教授。约翰•卡尔•弗里德里希•凯尔（1807-1888）是多尔帕特大学圣经释经学与东方语言学教授。他们一起著作了旧约注释，其中还提供了有关《但以理书》12:1-2的相关细节。这两节经文中提到的事件合在一起并且同时发生。在基督复临时，以色列的复兴以及"睡在尘埃中的多人"的复活是同时发生的事件。就《但以理书》12:2，他们讲到：

> 揭露也与死人有关，也就是说他们会从死亡的沉睡中复醒。（英文钦定本圣经中）用'*和（and）*'连接这段经文与前一节时，并没有任何进一步的指定时间，这样看来死人的复活与拯救国民是同时发生的。"你本国的

---

[9] 约翰•菲利普斯，《探索创世记：注释评论》（密歇根州，大急流城：克雷格尔出版社，2009 年）第 39 页。J. Phillips, *Exploring Genesis: An Expository Commentary* (Grand Rapids, MI: Kregel Publications, 2009), 39.

民……必得拯救"（第1节）与"多人会复醒"二者不
仅相互成全而且表明了它们是同时期发生的事实。[10]

这在强烈暗示，'多人'复醒的同时，以色列家也会从睡中被兴
起。这件事不仅与《马太福音》25:31-46中绵羊与山羊的审判完全吻
合，也与《以西结书》37章中整个以色列家的身体复活完全吻合，而
且与耶稣开始统治神国的时间完美同步。复醒被称为'多人'的就是
绵羊与山羊：其中有得永生的（绵羊），有永远被憎恶的（山羊）。
绵羊继承国度，山羊被投入火湖，还有以色列家作为其中的臣民和主
的*弟兄*进入天国。"这些事你们既作在我这弟兄（犹太人）中一个最
小的身上，就是作在我身上了"（《马太福音》25:40）。

凯尔和德利奇继续说道，"令人惊讶的是，这个词'*多人*'会复
活……而不是用'所有'这个预料中的词。评论'多人'即代表'全
部'并没有解决这一难题，因为这里所说的'多人'并不意味着
'*全部*'"[11]。它也不代表大多数，它不代表大部分，无法算谁会复
醒的百分比，因为，我们可以说星期一早上六点会有很多人醒来，一
些人去上学，一些人去上班。这种说法没错，但是没有人知道全世界
人口中，在这一刻醒来的人所占的比例或具体的数量，也没有人知道
在这一刻继续睡觉并会在稍后时间醒来的人的数量。

必复醒的是那'多人'，并不是*全部*的死人。这将会包括那些接
受救赎的人和那些拒绝救赎的人。这宗复活事件指明了将有一些人会
继续睡在尘埃中。他们就是那些在死亡前从未听过或不理解救赎的
人，包括死亡的儿童；他们将会复活并再次存活，过一个完整的人
生。

---

[10]　C.F 凯尔，弗兰茨·德利奇《旧约圣经的评论》，《先知但以理之书》，
M.G 伊斯顿译，（爱丁堡：克拉克出版社，1877年），第481页。C.F. Keil, F.
Delitzsch, *Biblical Commentary on The Old Testament, The Book of the Prophet Daniel*,
Translated by M.G. Easton, (Edinburgh: T. & T. Clark, 1877), 481.

[11]　同上，第481页。

路易斯·鲍威尔

上帝有一个完美的计划，并爱祂所有的创造。祂把一些放在自己的爱中，让他们继续睡在尘埃中，直到以后的时间。在祂的公义中，他只让那些接受上帝救赎的人复醒与基督一起得到永生，并让那些拒绝上帝救赎的人复醒进入火湖受惩罚到永远。上帝不让那些未曾了解救赎的人复活。那些不曾了解上帝救赎的人即是那些继续沉睡的死人。

纳撒尼尔·威斯特出生于英国，后来成为一名长老会牧师，并在美国接受教育。他将《但以理书》12:2 与《约翰福音》5:25 联系了起来，并指出在本次复活事件中只有"多人"和"听见"上帝儿子声音的人能够复活，并非全部死人，这与《马太福音》25:31-46 中的绵羊与山羊的审判和《但以理书》12:1-3 相吻合。

> 作为弥赛亚，在施展祂无上的司法权和救世的审判，并
> 应验但以理预言的复活与生命（《但以理书》12:2-3，
> 7:13），他（耶稣）说："复活在我，生命也在我"
> （《约翰福音》11:25）。他还说："父不审判什么人，
> 乃将审判的事全交与子。并且因为他是人子，就赐给
> 他审判的权柄"。因为他就是《但以理书》中所讲的
> 审判中提到的人。此外，"我实实在在的告诉你们，时
> 候将到，现在就是了，死人要听见上帝儿子的声音。
> 听见的人就要活了"（《约翰福音》5:22，27）。[12]

当然，*其余的死人*（《启示录》20:5）等同于《但以理书》12:2中没有复醒的人，这是合理的。如上所述，以色列家必须在千禧年的开头时复兴，剩下的死人就是外邦中在死亡之前从未听说过上帝救赎的人（包括儿童）。这明确说明为什么使用"多人"而不是"全部的人"，并且消除了多年来人们对这个词的困惑。

---

[12] 纳撒尼尔·威斯特，《但以理的伟大预言：天国东方问题》（纽约：以色列运动之希望出版社，1898 年），第 260 页。Nathaniel West, *Daniel's Great Prophecy, the Eastern Question of the Kingdom* (New York City: Hope of Israel Movement, 1898), 260.

七宗复活

　　包括第一节中提到的作为"*你本国之民*"的以色列家在内，这段经文总共提到了四群人。"*睡在尘埃中的多人*"（但不是全部）是两群人的总和。第一群人乃是接受救赎的人，第二群人则为拒绝救赎的人，而第三群人是其余"*睡在尘埃中的人*"。这些就是其余的死人。第一节中提到，必得拯救的，作为"*你本国之民*"的以色列家，也会同时出现，成为第四群人。

　　首先，"*睡在尘埃中的人*"是全部人群的总和，即所有的死人。其次，"*睡在尘埃中的必有多人复活*"只是睡了的人当中的一部分。在基督以万王之王、万主之主的身份归来，施行统治时，这些人复活并接受审判。这就是《马太福音》25:31-46 中提到的绵羊与山羊的审判。这些复醒的人要么继承天国，要么被投入火湖。这是第一群人和第二群人。最后，那些继续睡在尘埃中的人会与复活的人被分开，这与《启示录》20:5 中讲到的"其余的死人"相吻合。其余的死人属于第三群人，他们会在千禧年结束后复活。

　　在《但以理书》12:1 中，以色列家作为这个预言的一部分被列举出来。以色列家会在《但以理书》12:1-3 中绵羊与山羊的审判的同时或紧随其后复兴，应验《以西结书》37 章。以色列家是第四群人。

　　在《马太福音》25:40 中，当绵羊问到他们为基督做了什么时，耶稣回答说，"王要回答说：'我实在告诉你们，这些事你们既作在我这弟兄中一个最小的身上，就是作在我身上了'"。这里所说的"我的弟兄"便是将要复活的以色列家，他们要么在绵羊与山羊的审判时复活，要么就在审判后立即复活。在回答他们的问题时，耶稣提到了他的犹太弟兄——以色列家。耶稣指出的'*我的弟兄*'不可能是得到救赎之人，也不可能是拒绝救赎之人。他们是既非得救也非失丧的已亡的以色列家，部分原因是他们属灵的瞎眼造成的。

在《约翰福音》5:5-9 中，耶稣在安息日治愈了一个患病长达三十八年病人，这激怒了犹太人。然后耶稣告诉他们上帝是他的父。这让犹太人气到，想杀死耶稣。耶稣告诉他们，父已赐予其使死人复活并且审判每一个人的权力。这些声言使祂与上帝平等。这记载在《约翰福音》5:21-22，"父怎样叫死人起来，使他们活着，子也照样随自己的意思使人活着。父不审判什么人，乃将审判的事全交于子"。耶稣在《约翰福音》5:25 中，继续谈论了使死人复活的话题，"我实实在在地告诉你们：时候将到，现在就是了，死人要听见上帝儿子的声音，听见的人就要活了"。他的听众对耶稣宣称祂在死人身上有权柄一定很震惊，因为圣经里面一个字都没有记载他们听完的反应。正如本书读者也可能对以下感到震惊，就是耶稣能够让死人复活，以使其可以听到并明白上帝透过耶稣所提供的救赎。

在宣称后的六个月内，耶稣凭借让一些人复活的实例向众人展示了其能力：拿因寡妇之子（《路加福音》7:11-17）和睚鲁之女（《路加福音》8:41-56）。还包括生病的拉撒路，与其立刻说出救他的话语，耶稣等到他死去，然后前往墓地使他复活（《约翰福音》11:43-44）。

耶稣告诉人们，如果他们愿意接受耶稣作为他们的救世主弥赛亚，那么天国此刻就在这里，"主会说……天国不仅将会到来，而且'现在就是了'，因为如果这个国家（以色列）当时就悔改并接受祂作救世主为王，那么，'先知们所说的一切话'都会加速发生并在那时应验"[13]。这太不可思议了。以色列原可以接受耶稣作为他们的弥赛亚，并成为世上带头的基督教国家。虽然基督还是会为世人赎罪而被钉十字架，但是以色列却不会被蒙蔽了（《路加福音》19:24）。

当然这段经文也说到了灵性上死亡的人，"不仅身体上死亡的人会从他们的棺材和坟墓复活并重新获得完整有力的生命，而且大量灵

---

[13]　同上，菲利普斯，第 108 页。

性上死亡的人也会从死亡进到永生"[14]。当上帝在门外敲打他们的石心时，如果灵性死亡的人听到上帝呼唤的声音后，会向上帝敞开，他们也会得到永生。

从字面意义上来说，耶稣在谈到绵羊与山羊的审判时说到，只有那些听到上帝声音的人才会复活。这说明会有"多人"复活而非所有死人。这样就把此段经文中所提到的复活，局限于那些听到耶稣声音的人，这比"*全部*"要少，正如《但以理书》12:2 中"*多人*"的意思比全部少，"时候*将到*，*自然死去的人中*，有一些必听见上帝儿子的声音并再次活了了"[15]。耶稣没有说所有死人都会听到上帝的声音，但是在三节经文之后，他确实说*所有人*都听到并且复活。这是大不相同的。《但以理书》12:2 和《马太福音》25:31-46 中描述了绵羊与山羊的审判。

耶稣后来说"全部"的人都会复活，所有的坟墓都会空掉（第 28节）。耶稣透过两个略有不同的声明，指明会有两宗不同的复活事件。在《约翰福音》5:25 中，耶稣告知犹太人他会让死人复活。首先是听到他声音的人，其次是所有死人。"你们不要把这事看作希奇，时候要到，凡在坟墓里的，都要听见他的声音，就出来"。这里，耶稣启示了白色大宝座的审判，那时所有的坟墓都会打开。耶稣说"凡"在坟墓里的，指的是全部所有的，不是像在《约翰福音》5:25和《但以理书》12:2中所说的，仅有"听见的人"和"多人"。

《马太福音》第 25 章 31-46 节和《约翰福音》第 5 章 24-29 节简洁地描述了每一群人，刚好可以确认《但以理书》第 12 章 1-3 节和《以西结书》第 37 章中，所提到的是同一群人。在天国开始之初，当他审判绵羊与山羊（第四宗复活事件）时，耶稣让睡在尘埃中

---

[14] 同上，斯宾塞，第 1 卷，第 215 页。

[15] 亚当·克拉克，《新约与旧约注释》（纽约：J. 埃默里与 B. 沃，1832 年）第 2 卷，第 552 页。Adam Clarke, *Old and New Testament Commentary.* (New York, NY: J. Emory and B. Waugh, 1832), Vol. 2, 552.

的"多人"复活，也让以色列家复活（第五宗复活事件）。其余的死人（第六宗复活事件）在千禧年结束后复活（《启示录》20:5）。最后，所有的坟墓都在白色大宝座审判（第七宗复活事件）时被清空。

　　《但以理书》12:1-2，《马太福音》25:31-46，《约翰福音》5:24-29 以及《启示录》20:5、11-14 在《圣经》中保持了一致性，并且标示了最后三宗复活事件的顺序。我们为这宝藏感谢上帝！

七宗复活

第八章

第五宗复活事件——以色列家

所以你要发预言对他们说，主耶和华如此说：'我的民哪，我必开你们的坟墓，使你们从坟墓中出来，领你们进入以色列地……你们就知道我是耶和华。

《以西结书》37:12-13

第五宗复活事件所涉及的，不是将要继承国度的人，而是那些要以肉身生活于千禧年国度的人。以赛亚将基督统治下的世界描述为跟回到伊甸园一样的世界。"牛必与熊同食，牛犊必与小熊同卧，狮子必吃草与牛一样"（《以赛亚书》11:7）。野生动物会有不同的习性和饮食习惯。我们的造物主将用平安与平静取代他们的凶恶欲望，孩子们在成长过程中会受到保护，没必要担心野生动物会伤害孩子。在《以赛亚书》11:8-9 中，以赛亚描绘了未来的神国，"吃奶的孩子必玩耍在虺蛇的洞口，断奶的婴儿必按手在毒蛇的穴上。在我圣山的遍处，这一切都不伤人，不害物，因为认识耶和华的知识要充满遍地，好像水充满洋海一般"。

世世代代的基督徒和圣徒将与基督一起统治这乐园。上帝把祂的伟大启示给人类并不容易。祂的准备、祂的耐心、祂的显赫以及祂对其创造物的爱都超出了人类的想象。"如经上所记：'上帝为爱他的人所预备的，是眼睛未曾看见，耳朵未曾听见，人心也未曾想到的。'"（《哥林多前书》2:9）。上帝为所有人命定了如此完满的

73

计划，而且祂想要充分、完美地表达自己的期望和爱。人类必需等待，因为上帝掌控自己计划中的时机。"从古以来人未曾听见、未曾耳闻、未曾眼见在你以外有什么上帝为等候他的人行事"（《以赛亚书》64:4）。上帝将以宏伟的方式对待祂的创造物。

第五宗复活事件涉及由死复生并获得肉体生命的以色列家。这将发生在千禧年的开头，耶稣建立统权之时。并且是在绵羊与山羊的审判之后。第五宗复活事件不是灵魂上的复活，而是儿童和整个以色列家肉体上的复活。在这宗复活事件中复活的人，从来没有了解过上帝的救赎。

早年死亡且从来没有机会接受上帝救赎的犹太儿童，当然，也包括在这宗复活事件中。儿童将获得接受基督的机会。这也包括任何之前有心理或情感障碍的犹太人，那时他们没有能力理解上帝所提供的救赎。

复活的孩子会和经历了大灾难存活下来的孩子合并。他们将在圣徒和基督统治下，在他们自己的国中长大。正如亚当和夏娃在上帝的养育中成长并获得知识和经验，这些孩子也会在复活的圣徒的指引和天使的保护中成长并获得知识和经验。在千禧年期间，他们将成为列国中上来耶路撒冷敬拜的人民。正如撒迦利亚所预言的那样，"所有来攻击耶路撒冷列国中剩下的人，必年年上来敬拜大君王万军之耶和华，并守住棚节"（《撒迦利亚》14:16）。那些攻击耶路撒冷的人是以敌基督为领导的。在第四宗复活事件绵羊与山羊的审判中，他们被投入火湖。注意撒迦利亚所说的"列国中剩下的人"。所剩下的都是孩子，因为追随敌基督的人都被投入了火湖。在基督千禧年作王之初，孩子们不会单独太久。上帝会让祂选定的那些，从来没有明白过祂所提供的救赎的人复活。记得在去往十字架的路上，当他最后一次进入耶路撒冷时，耶稣使色列家看不出来这事（《路加福音》19:41-42）。

74

请勿把肉体的复活与以荣耀身体进入荣耀搞混了。肉体复活指一些人复活后获得了肉体生命。死人复活后获得肉体生命和最终获得永久的奖罚之间，有很大的区别。任何肉体复活的人都会像以前一样生活在世上。这些人最终会死亡并等待接受白色大宝座前的最终审判（第七宗复活事件）。如果他们接受救赎，他们将得到荣耀身体并与基督永在。如果他们拒绝救赎，他们永恒的惩罚就是火湖。

《以西结书》第 37 章中讲述了肉体复活的细节，那时整个以色列家会在复活后生活在神国里。这次复活事件包括将会拥有家庭的实体的男人女人。以西结这个预言通常被称为"以西结书的枯干骸骨平原"。

> 主对我说："人子啊，这些骸骨就是以色列全家。他们说：'我们的骨头枯干了，我们的指望失去了，我们灭绝净尽了。'所以你要发预言对他们说，主耶和华如此说：'我的民哪，我必开你们的坟墓，使你们从坟墓中出来，领你们进入以色列地。我的民哪，我开你们的坟墓，使你们从坟墓中出来，你们就知道我是耶和华。我必将我的灵放在你们里面，你们就要活了。我将你们安置在本地，你们就知道我耶和华如此说，也如此成就了。这是耶和华说的。'"[1]

肯特•多布森曾经上了《历史与探索频道》的圣经节目。他在耶路撒冷大学获得硕士学位，并在希伯来大学就读过。他对《以西结书》第37章的研究包括检查死海古卷碎片。

> 死海古卷包含了《以西结书》第 37 章的碎片和一些解说。在以西结书的复活异象之后，死海古卷中写道：'有一大群人必站立并称颂复兴了他们的万军之耶和

---

[1] 《以西结书》第 37 章 11-14 节。

华'。基于笔者对以西结的理解，这似乎暗示了对身
体复活的清楚信念。[2]

在死之前，他们不认识上帝和祂所提供的救赎，但是当他们从坟墓中被兴起时，他们就会知道上帝及上帝对他们的爱。在千禧年期间，他们会与经历了大灾难的孩子们一起生活并在对上帝的认识上成长。

以色列家将得到上帝的灵并被复活……上帝将会做出伟大的奇迹并以此得到荣耀……然而这是未来会发生的事件……有些人会说，这在现今以色列的复国过程中已经发生了。但这是不可能的，因为我们在第 22 节中可以看到，"有一王作他们众民的王"。这个王，不能是别人，祂正是弥赛亚，耶稣基督。[3]

在千禧年期间，这些家庭将有孩子诞生。以色列家将以有肉体、有生命、有气息、且是由基督统治下的子民身份充满在神国里。以色列家的人指的是那些没有接受过或拒绝过救赎的人，他们不属于绵羊与山羊审判时复活的人中的一部分。经历了大灾难活下来的孩子和以色列家（包括犹太儿童），这两群人是唯一在神国开始时的人口。他们将在弥赛亚耶稣基督的统治下，重新繁衍并再次充满地上。

有一千年的时间，撒旦被移除了，他不再具有攻击人的自由。祂可是我们的"仇敌魔鬼，如同吼叫的狮子，遍地游行，寻找可吞吃的人"（《彼得前书》5:8）。在神国里，祂被捆绑。人们仍然有自然肉体欲望。世界会比较好，但还不会是完美的。

---

[2]　肯特·多布森《一世纪新国际版圣经研究：犹太和早期基督教经文探究》。（密歇根州，大急流城：宗德文，1973 年），第 1845 页。Kent Dobson, *NIV First-Century Study Bible: Explore Scripture in its Jewish and Early Christian Context,* (Dead Sea Scrolls, 4Q385, fr. 2.), (Grand Rapids, MI: Zondervan, 1973), 1845.

[3]　保罗 H. 安德里《以色列学－出生权、以色列家族、天国与人子》。（罗利市，北卡罗来纳州：Lulu.com. 2008 年）。第 140-143 页。Paul H. Handree, *Israelology – The Birthright, House of Israel, Kingdom, and Sons of God.* (Raleigh NC. Lulu.com. 2008), 140-143.

圣徒将与基督一起统治世界。他们将维持秩序和治理地球上属于他们的部分。撒旦的诡诈会被消除，"认识耶和华荣耀的知识，要充满遍地，好像水充满洋海一般"（《哈巴谷书》2:14）。人们会尊重上帝的创造，"在我圣山的遍处，这一切都不伤人、不害物，因为认识耶和华的知识要充满遍地，好像水充满洋海一般"（《以赛亚书》11:9）。在千禧年期间，耶稣就是救世主这个道理将是一个常识。撒旦的诡诈和谎言会被除掉。

在真理范围之内，学校会有思想自由。每个人都会知道上帝创造了一切，而且学校会教授上帝之道。真正实在的地球历史会被记录下来供大家回顾。耶稣会教导人们，祂的知识将从他的宝座流入世界上每一个小角落。

孩子们会长大，并认识一种生活方式，与活在基督开始统治之前的人所认识到的很不一样。平安将是很平常的，国与国之间不会再有战争。"他必在列国中施行审判，为许多国民断定是非。他们要将刀打成犁头，把枪打成镰刀。这国不举刀攻击那国，他们也不再学习战事。"（《以赛亚书》2:4）

人不会完美，他们仍然会犯罪，但他们会知道该做什么是正确的事情。"你或向左、或向右，你必听见后面有声音说：'这是正路，要行在其间。'"（《以赛亚书》30:21）。他们将有机会享受生活，而不是担心如何生存。"万军之耶和华如此说:将来必有年老的男女坐在耶路撒冷街上，因为年纪老迈就手拿拐杖。城中街上必有男孩女孩玩耍"（《撒迦利亚书》8:4-5）。

当基督坐上祂的宝座时，人们会想去拜访祂。人们会听到并看到完美的王，祂充满了爱、怜悯和公义。"必有许多国的民前往，说：来吧！我们登耶和华的山，奔雅各上帝的殿；主必将他的道教训我们，我们也要行他的路。因为训诲必出于锡安，耶和华的言语，必出于耶路撒冷"（《以赛亚书》2:3）。基督的爱将遍布全球，真理和知识将引导列国走向从未有过的繁荣。

基督与数十亿圣徒一起统治天国。祂将在全世界建立并维护秩序与敬畏。地球将成为乐园，这是上帝创造地球的初衷。上帝国会和其他任何王国一样，统治人民，并有许多王和祭司指引正确的生命之道；耶稣是万王之王。

第九章

为以色列设立的国度

耶稣说："我实在告诉你们：你们这跟从我的人，到复兴的时候，人子坐在他荣耀的宝座上，你们也要坐在十二个宝座上，审判以色列十二个支派。

《马太福音》19:28

基督使以色列眼瞎，因为当年祂以他们的弥赛亚的身份进入耶路撒冷时，他们没有认出祂就是他们的王，"耶稣快到耶路撒冷，看见城，就为它哀哭，说：'巴不得你在这个日子知道关系你平安的事，无奈这事现在是隐藏的，叫你的眼看不出来'"（《路加福音》19:41-42）。但以理的预言准确到把弥赛亚以以色列的王呈现自己的那一日标示出来，但以色列没有认出他们的王。耶稣将自己，以以色列弥赛亚的身份，以及所应许的王的身份，向他们呈现，但是在几天后，祂被当作被弃绝的疯子和罪犯，钉死在十字架上。

以色列人应该要知道耶稣就是他们的弥赛亚，但他们不知道。当摩西带领以色列民，希伯来人，从埃及进入应许之地时，他们不相信可以战胜生活在这块土地上的巨人。因此，上帝使这一代人在旷野中流浪并死去，直到下一代的人成年了，能够相信上帝会为他们而战并拯救他们。对于以色列人来说，现在属灵的瞎眼成了一个必要的保护，可以防止以色列看出耶稣是他们的救世主并拒绝祂，造成被投入火湖经受永恒惩罚的结局。上帝给以色列人一个后来的日子，来认出祂就是他们的救赎。"他说：'你去告诉这百姓说：你们听是要听见，却不明白；看是要看见，却不晓得。要使这百姓心蒙脂油，耳朵发沉，眼睛昏迷；恐怕眼睛看见，耳朵听见，心里明白，回转过来，便得医治'"（《以赛亚书》6:9-10）。上帝是公义的，祂现在对以色列施加了一个矫正性的惩罚。他们听见，却不明白。上帝以以色列为例，让世界上其他的地方铭记。以色列因为没有认出他们的弥赛亚而痛苦了两千年。在那千禧年期间，当他们被耶稣从坟墓中带出来时，他们就会明白上帝的计划。他们会知道祂就是他们的上帝。

耶稣对以色列隐藏了上帝救赎所带来的平安。"光来到世间，世人不爱光倒爱黑暗"。耶稣爱以色列人，他为耶路撒冷哭泣；因为以色列人不知道耶稣就是基督，他们会因为没有王的保护而遭受痛苦。耶稣使以色列人在属灵上眼瞎，从而保护他们，是因为爱而非愤怒。对他们的审判只是暂时的而不是永久的，以示彰显上帝之公义。这显示了基督对以色列的爱。现在，以色列人要等到千禧年时才终于能把耶稣当作在神国里统治他们的王。保罗进一步细化了这个话题。

> 弟兄们，我不愿意你们不知道这奥秘（恐怕你们自以为聪明），就是以色列人有几分是硬心的，等到外邦人的数目添满了，于是以色列全家都要得救。如经上所记："必有一位救主从锡安出来，要消除雅各家的一切罪恶。"又说："我除去他们罪的时候，这就是我与他们所立的约。"[1]

外邦人的数目添满，和被提事件结束了教会时期，这两者是有关联的。当教会被移走时，以色列属灵的眼瞎也被移走。

---

[1] 《罗马书》11:25-27。

请勿把这个与以基督复临为结束的"外邦人的日期"搞混了。这两者互不相干。上帝想拯救人，他知道如何做得比任何人想象的都要好。

这节经文中说"以色列全家都要得救"。很多人接受这节经文所说的，是仅仅指以色列的余民以及大灾难后存活的人。这时以色列人终于向上帝呼救并承认耶稣是他们的弥赛亚，但这不是"以色列全家"。这些只是以色列余剩的一小群人，他们脱离了敌基督的军队。他们呼求耶稣作为他们的弥赛亚来拯救他们，但他们不是"以色列全家"，只是以色列的一群余民。

《约翰福音》14:26 有言，"但保惠师，就是父因我的名所要差来的圣灵，他要将一切的事指教你们，并且要叫你们想起我对你们所说的一切话"。耶稣对以色列隐藏的平安就是祂给予教会的知识。这平安是在保惠师圣灵之中。耶稣将祂的平安赐予教会，并使以色列在属灵上瞎了眼，这个情况不是永久的。保罗说，当"外邦人的数目添满"时，以色列的眼瞎也会结束（《罗马书》11:25）。当教会期满或添满了外邦人的数目时，上帝把教会提走。

上帝应许拯救以色列人。祂应许会消除以色列人的罪恶。但祂还说以色列人被蒙蔽了，而且他们的平安是隐藏的，叫他们的眼看不出来。这两句话怎么可能同时成立呢？上帝怎么可能拯救*任何*被祂蒙蔽的人来接受祂所赐予的平安呢？在人，这是不能的，在上帝凡事都能。上帝甚至可以让死人复活。

《以赛亚书》45:17 中写道："惟有以色列必蒙耶和华的拯救，得永远的救恩"。上帝在保护以色列人，因为他应许会永远保护他们。《诗篇》121:4-8 解释道："保护以色列的，也不打盹也不睡觉。保护你的是耶和华，耶和华在你的右边荫庇你。白日，太阳必不伤你；夜间，月亮必不害你。耶和华要保护你，免受一切的灾害。他要保护你的性命。你出你入，耶和华要保护你，从今时直到永远"。上帝保护以色列人的同时，还必需达成祂为世界所提供的救赎计划。

保罗知道耶稣对许多以色列人隐藏了上帝的救赎。上帝的目的不是摧毁以色列人，而是要保护他们，直到祂在千禧年期内施行统治。《罗马书》11:7-8 中写到："以色列人所求的，他们没有得着，惟有蒙拣选的人得着了，其余的就成了顽梗不化的。如经上所记：'上帝给他们昏迷的心，眼睛不能看见，耳朵不能听见，直到今日。'"上帝会让以色列人从死里复醒，并让他们知道祂就是他们的上帝。

这怎么可能？死人怎么可能复活？上帝在一个异象中向先知以西结提出了这个问题："他对我说：'人子啊，这些骸骨能复活吗？'我说：'主耶和华啊，你是知道的。'"《以西结书》第 37 章是圣经中最受争议的部分之一。这一章中说到了遍满骸骨的平原，而且上帝会让这些骸骨复活。上帝指示以西结对这些骸骨发预言，以便让他们复活。这个异象阐明了以色列人的未来，那时，上帝打开坟墓并使整个以色列家再次活过来。

在第 37 章中，上帝向以西结解释了这一切。他解释说，以色列的所有孩子都会复活。在那千禧年开头，上帝国开始之初，等待明白上帝救赎的以色列全家将会复活，并生活在基督统治下的上帝国里。以色列全家不包括明白但不接受上帝救赎的人，例如《路加福音》16:19 中的财主，他们将会在火湖中烧。所有听到而不接受救赎的人都已经被定罪。"信他的人，不被定罪；不信的人，罪已经定了，因为他不信上帝独生子的名"（《约翰福音》3:18）。这也不包括那些认出并接受救赎的荣幸的男人和女人，例如《路加福音》16:20 中的拉撒路。他们将在绵羊与山羊的审判中，继承世界并与基督一同作王。

"今天居住在巴勒斯坦的以色列人，没有应验这个预言。但是当基督归来建立祂的国度（参照《马太福音》24:30-31）以及上帝再次将以色列人聚集在这地的时后就会应验（《耶利米书》31:33；33:14-16）。"[2]

《以西结书》第37章，明确地描述了以色列家复活过程中的知识分布。现代科学刚刚完成了人类基因组绘制。这是关于每个人的DNA的知识。《以西结书》第37章只是一个异象，那里没有实际的骸骨在平原中等待复活，但他们实际上真的死了，睡在坟墓中。上帝在说祂将使死尸复活。重建人体所需的信息在他们的DNA中。谁能知道每一个死人的DNA？当然是全能的、无所不知的上帝！上帝知晓过往所有人每个细胞中的每寸细节。当时候来到，上帝将会为以色列家的每一个人重新排列每一个细胞中的每一条DNA。正如上帝把每个人的头发都数过了一样（《马太福音》10:30），他也记录了每个人复杂的DNA序列。

《以西结书》第37章中描述的复活与《哥林多前书》15:50-54中所述，荣耀的身体复活和被改变，这两者之间有很大的区别。将信徒们的灵魂与他们荣耀的身体结合在一起的复活是即刻发生的，但是《以西结书》中的复活分阶段完成，先是骨与骨相连形成骨骼，然后用肌肉分层，最后才形成肉体、皮肤和气息。《以西结书》第37章中所描述的是肉体复活，但《哥林多前》第15章50-54节中所描述的是灵魂复活。

普林斯顿神学院新约研究教授戴尔•艾里森，通过对《以西结书》第37章的研究，他确认，犹太人将这作为他们犹太人复活的直接意思来教导人们。"这些文字符合后来犹太人对《以西结书》第37章的解释：骨头互相连在一起的这个古老的异象被

---

[2] 同上，朱克•富尔德，第1298-1299页。

广泛用来描述在一宗普遍性的复活事件，在其中，人体直接恢复成为完美的形体。"[3]

杨三蔡出生于 1964 年，他获得了韩国首尔延世大学的学士学位。他就读过首尔的崇顺神学院以及密歇根州的加尔文神学院，并获得了伊利诺伊州三一神学院的哲学博士学位。他在书中写到："《以西结书》第 37 章中的用语可以看得出是一次直接的、个体的复活。"[4]

安德烈·拉科克是芝加哥神学院旧约的荣誉教授，与芝加哥大学神学院的荣誉教授保罗·里科尔搭档，他们将《以西结书》第 37 章中所提出的异象与亚当的创造进行了比较，并把它看作是以色列的直接复活："以西结异象中的影象和词汇与造人的经文有密切的关系。复活事件与创造事件之间的关联（以及复苏的奇迹）也许再没有更好的表达了。"[5]

有人认为这次复活会在迦勒底的一个平原上发生，所以不可能是以色列家所有死人的肉体复活。然而，这里以西结正在经历一个预言中的异象。这与在《启示录》中给约翰的异象相似。将这两个宣称为异象的陈述进行比较：《以西结书》37:1 说"耶和华的手降在我身上，耶和华藉他的灵带我出去，将我放在平原中，这平原遍满骸骨"；《启示录》1:10 说"当主日，我被圣灵感动，听见在我后面有大声如吹号……"。那时

---

[3] 戴尔·艾里森《拿撒勒的耶稣：千年先知》（明尼阿波利斯：佛特瑞斯出版社，1998 年）第 140 页。Dale C. Allison, *Jesus of Nazareth: Millenarian Prophet* (Minneapolis: Fortress Press, 1998), page 140.

[4] 杨三蔡，《末世大卫的牧羊人耶稣》（德国：莫尔·西贝克，2006 年），第 331 页。Young Sam Chae, *Jesus as the Eschatological Davidic Shepherd* (Germany: Mohr Siebeck, 2006), 331.

[5] 安德烈·拉科克和保罗·里科尔，大卫·皮罗尔译，《圣经视角下的释经学研究》（芝加哥，伊利诺伊州：芝加哥大学出版社，1998 年），第 152 页。Andre LaCocue and Paul Ricoeur, Translated by David Pellauer, *Thinking Biblically Exegetical and Hermeneutical Studies* (Chicago, IL: The University of Chicago Press, 1998), 152.

约翰在拔摩岛上，但没有人会把他见证的所有预言事件，限制在拔摩岛这个地点上。给以西结的异象和遍满骸骨的平原，很容易就可以代表以色列家所有的死人，特别是因为上帝告诉以西结，"*这些骸骨就是以色列全家*"（《以西结书》37:11）。

《以西结书》37:12 写到 "*我必开你们的坟墓*"。这是以色列的一宗肉体直接的复活事件。在神国期间，以色列国将由基督作王。"*使你们从坟墓中出来*"。上帝决意，要复兴以色列；上帝有权创造生命，维持生命，以及从坟墓中将生命复活。当上帝的声音召唤他们时，以色列全家，即使在他们的坟墓里，也会复活。"*我开你们的坟墓*"，上帝能做人做不到的事情；祂恢复了当初透过亚伯拉罕给以色列国的希望。以色列人必认识到耶稣就是弥赛亚，祂就是遵守自己诺言的救赎主。

正如亚当、夏娃以及挪亚家族都有不忠于上帝的后裔一样，在祂统治天国期间，以色列家也不会全都一直忠于祂。一些在千禧年开头复活的孩子，和一些经历了大灾难的孩子，随着长大成年，他们会拒绝统治他们的基督。尽管撒旦已在无底坑中要被锁一千年，但是所有生活在上帝国里的人，仍然有着会犯罪的肉体。这里最大的区别在于，耶稣已是战胜了世界、罪和死亡的完美的统治者，并且祂的惩罚是即时和确定的。

有些人说，《以西结书》第 37 章中的预言所指的是，犹太人在 1948 年时回归并建立了以色列国，但这当然不是对该章经文的字面解释。有多少犹太人从坟墓里出来回到了家乡？一个都没有。上帝说，我的民哪，我开你们的坟墓，使你们从坟墓中出来，你们就知道我是耶和华。如今以色列有多少犹太人知道耶稣就是上帝？他们中很少有人认识到耶稣即是弥赛亚。

这个预言指的是以色列家的肉体复活。以色列全家都将在千禧年开始时，获得肉体复活，那时基督开始统治，并且祂捆了撒旦，要绑牠一千年。犹太人被蒙蔽后，他们大多数的人终其一生都不会晓得耶稣基督到底真正是谁。

在《以西结书》第 37 章中，以色列家复活并头一次被赋予选择接受或拒绝基督为他们的救主的机会。当以色列家复活的时候，这将不是接受救赎的二次机会。上帝已经计划了，将使最大数量的人得到救赎，这是牠对人类的旨意。

第十章

第六宗复活事件——其余的死人

这是头一次的复活。其余的死人还没有复活，直等那一千年完了。

《启示录》20:5

第六宗复活事件是指《启示录》20:5 中提到的"其余的死人"从死里复活。这在那一千年结束后才会发生。在千禧年之初，幸存下来的孩子和复活后的以色列家会生活在上帝国里。然后，在那一千年之后，所有未曾获得上帝救赎道理的外邦人（非犹太人）都会获得肉体复活。从上帝创世到耶稣归来期间，那些历世历代未被福音传到或传过就死亡的人，都会从死里复活。在这宗复活事件中，那些在死之前从来没有听说过耶稣的外邦人都会获得肉体复活。

在《约翰福音》5:24 中，耶稣清楚地解释到，相信并接受救赎的过程中，包括听见祂的道，"我实实在在的告诉你们：那听我话、又信差我来者的，就有永生，不至于定罪，是已经出死入生了"。所有人都要听见并收到耶稣基督的启示，并做出生死选择。选择就在听到提供救赎的基要道理之后做出。

《启示录》20:5 中提到的第六宗复活事件是关于其余的死人的复活，"这是头一次的复活。其余的死人还没有复活，直等那一千年完了（完结）"。所有可能被包括在第一次复活中的信徒，到此完毕，因为现在所有人都复活了。

《但以理书》12:2 间接地将这些外邦人称为会继续睡在尘埃中而不会复活的人。"睡在尘埃中的，必有多人复醒，其中有得永生的，有受羞辱、永远被憎恶的"。"复醒的多人"会在绵羊与山羊的审判中接受审判（第四宗复活事件）。睡在尘埃中的，必有多人复活，但不是所有人都会复活。那些在绵羊与山羊的审判中没有复活并接受审判的人即"其余的死人还没有复活，直等那一千年完了"（《但以理书》12:2；《启示录》20:5）。

那些从来不认识耶稣的人将会学到关于祂的事情。这些包括福音未被"传到"的人，他们居住在非洲，亚马逊丛林，中国以及其他一些很少人听过耶稣名字的地方。这些人既没有接受耶稣作为他们的救主，也没有在死之前拒绝耶稣。他们对耶稣一无所知。"如果他们未曾有机会了解福音，仁慈的上帝怎么会把他们永远罚入地狱呢？慈爱的上帝不会创造了人，又让他们对自己从来没有听过的道理负责。"[1]

所有曾经活过的人都将对上帝之子为他们而死的真理有清楚的理解。在他们复活后，每个人都会接受或拒绝基督作为他们的救主。因为死亡无法阻隔上帝的爱，"他愿意万人得救，明白真道"（《提摩太前书》2:4）。

这些人会"暂时"生活在那一千年结束后，就是当撒旦从无底坑里被"暂时"释放出来，再次迷惑列国的时候（《启示录》20:3，7-8）。"如果人们在千禧年期间犯罪，他们不会是因为被迷惑了，那会是因为他们自己愿意的，以及对他们心中贪欲

---

[1]　出处同上，安德森，第 268 页。

的放纵。"[2] 撒旦必从监牢里被暂时释放出来，并迷惑地上四方的列国。圣经里面没有对"暂时"有多久作任何说明。

其中有许多人来自旧约时代；其他就是那些从来不知道有关耶稣被钉死在十字架上的人，因为在死之前没有人曾去告诉他们。耶稣引用《出埃及记》3:6、16 来说明死人在等待上帝："论到死人的复活，上帝在经上向你们所说的，你们没有念过吗？他说：'我是亚伯拉罕的上帝，以撒的上帝，雅各的上帝。'上帝不是死人的上帝，乃是活人的上帝"（《马太福音》22:31-32；《埃及记》3:6）。亚伯拉罕、以撒和雅各已经死了三百多年了，但是对上帝来说，死亡并不能阻止生命。对上帝来说，死亡并不能阻止任何东西。祂是活人的上帝，因为即使一个人死了，祂都可以立刻使之复活。信徒得上帝的喜悦是透过对上帝的能力有信心，相信祂能做人所不能做的（《希伯来书》11:6;《马太福音》19:26）。"因为出于上帝的话，没有一句不带能力的"（路加福音 1:37）。

约伯问道"人若死了岂能再活呢？我只要在我一切争战的日子，等我被改变的时候来到。你呼叫，我便回答"（《约伯记 14:14-15》）。约伯活着的时候在等待，而且死后也在等待，他现在依然在等待上帝的召唤。死人等待上帝。上帝的能力，怜悯和恩典不会终止，"你岂要行奇事给死人看吗？难道阴魂还能起来称赞你吗？细拉。岂能在坟墓里述说你的慈爱吗？岂能在灭亡中述说你的信实吗？"（《诗篇》88:10-11）对所有这些提问的回答都是"是"。上帝会给死人展示奇迹，他会让死人复活，然后他们会赞美上帝。祂会向死人的坟墓宣告祂的慈爱，祂的道绝不徒然返回。

---

[2] H. A. 艾恩塞得《启示录讲座》（新泽西，内普丘恩：鲁瓦佐兄弟出版社，1920 年），第 335 页。H. A. Ironside, *Lectures on the Book of Revelation* (Neptune, NJ: Loizeaux Brothers, 1920), 335.

七宗复活

人类从来没有了解上帝，但即使他们对祂一无所知，上帝仍然赐予每个人救赎。上帝愿意所有人都"明白真道"（《提摩太前书》2:4），就是透过基督的救赎上帝会成就祂所愿意的。"我口所出的话也必如此，决不徒然返回，却要成就我所喜悦的，在我发他去成就的事上（发他去成就或作所命定）必然亨通"（《以赛亚书》55:11）。

上帝应许任何寻找祂的人都必寻见。"你们寻求我，若专心寻求我，就必寻见"（《耶利米书》29:13）。"爱我的，我也爱他；恳切寻求我的，必寻得见"（《箴言》8:17）。上帝不受死亡的限制，所以对祂来说，死人不会变得遥不可及。对上帝来说，死亡不是一扇关闭的门。

在《马太福音》7:13-14 中，耶稣把活在罪中比作通往灭亡的"宽门"，把活在义中比作通往生命的"窄门"。"你们要进窄门。因为引到灭亡，那门是宽的，路是大的，进去的人也多；引到永生，那门是窄的，路是小的，找着的人也少"。

任何进入宽门的人都将保留情欲、欲望、谎言和仇恨，不会有人责备他们，让他们去洁净自己。在这个宽阔的地方有很多人，但是他们的路会通向灭亡。很多人找到了这条生活之道。

窄门之所以狭窄是因为每个人都必须审查自己的行为。要进窄门就必须舍弃很多东西；然而，有一样东西必需加上，就是耶稣基督。很少人找到这个窄门并选择走这条路。找到的人就会找到真正的生命。

跟通过宽门一样多的人可以通过窄门，只是需要多一点的时间，因为窄门一次只能通过一个人。上帝有足够的时间让人们通过窄门。他不会永远等待，但是祂会等。人的一生中，从通往灭亡的路转向通往永生的路，永远不会太迟。如果上帝让死人复活并使其生命延续，那么，这个对永生的选择，仍然等着这些之前死去的人。

约伯对上帝说"人的日子既然限定，他的月数在你那里，你也派定他的界限，使他不能越过"（《约伯记》14:5）。上帝预先就知道每个人的生死时间。根据《希伯来书》9:27，每个人都会死一次，"按着定命，人人都有一死，死后且有审判"。被提时还活着的信徒不会死亡，但他们会被改变。以诺和以利亚没有死。圣经中提到的所有从死里复活的人，都不是死一次，而是两次。

在《希伯来书》前几章中，作者只提到了大祭司这个人。作者很可能在说大祭司的定命就是死亡，如此一来，就会包括了身为最后那个大祭司的基督。《希伯来书》的作者没有写所有的人，否则就没有考虑教会被提。因此，大多数的权威认同该经文的目的是要反驳投胎的理论。

在亚当·克拉克关于这个论题的注释中，他提到《创世记》3:19，展示了一个受造物中，新的且不同的部分。

> 上帝的命令*摆在他们面前：你本是尘土，仍要归于尘土*。在现在世界的进程中，不像有人作了错误的引述那样，不是*所有的*人都必有一死，而是指一般的人；因为以诺和以利亚没有死亡，那些在审判当天还活着的人必不会*死亡*，而是被*改变*。**但是在此之后有审判**——他们*必只死一次*，并只*被审判一次*，因此没有*转世*，也没有*肉体的轮回*。审判后会有死亡；既然他们必只*被审判一次*，他们就只能*死亡一次*。[3]

《犹太新约注释》在这个主题上得出了同样的结论。"这是《圣经》对于投胎概念的反驳，该概念在大多数东方宗教中

---

[3]　同上，克拉克，第2卷，第713页。

被发现，并被几个现代西方宗教所模仿。"[4] 有很多人都支持这一观点，"除了那些复活的人以外，人人都要面对死亡一次。没有人能逃脱死亡。道成肉身的基督也被放在死亡的判决之下。祂，一样，死了一次"[5]。投胎不是真实的；它不会发生。

所有上帝从死里复活的人，又活一次，之后再次死亡，这些都是上帝预先知道会发生的事件。上帝预先知道这些人会死，并复活：拉撒路、多加、拿因寡妇之子、睚鲁之女以及所有其他的人。上帝预先知道，并且现在也知道他将会使谁从死里复活。如果他们在死前从未听过福音，上帝会使他们复活并给他们提供**头一次**的机会来接受基督或拒绝基督。这不是投胎，而是一个人的生命的延续。当一个家庭成员死亡，祷告祈求上帝将死者复活时，祷告里所祈求的是死者生命的延续。

以诺的死并不像人们理解的那样，但他的肉体生命确实结束了，"以诺与上帝同行，上帝将他取去，他就不在世了"（《创世记》5:24）。以诺不再活在这个世上，因为上帝将他带走了。在以诺出生之前上帝就知道他会带走以诺。在上帝取走以诺的肉体生命之前，以诺共活了 365 岁。上帝知道以诺要在世上活多少日子。

以利亚是旧约中上帝的先知。以利亚忠于上帝，他在世上并没有经历死亡，因为上帝将他带去了天堂。"他们正走着说话，忽有火车火马将二人隔开，以利亚就乘旋风升天去了"（《列王记下》2:11）。

---

[4] 大卫 H. 斯坦恩《新约注释》，（密苏里州，克拉克斯维尔：新约出版社，1992 年），第 631 页。David H. Stern, *Jewish New Testament Commentary,* (Clarksville, MO: Jewish New Testament Publications, 1992), 631.
[5] 基斯特梅克，第 265 页。Kistemaker, 265.

上帝带走了以诺和以利亚，因为祂爱他们，并且这也符合祂的计划。他们忠于上帝。上帝通过对以诺和以利亚的举动，表达了祂对所有人的慈爱。如果上帝愿意，他可以从世上移走任何人。在教会被提时，他会这样做。在教会被提之后，很多信徒都会在大灾难期间，在与兽的战争中死亡。透过死亡，他们从世上被移走并被带到天堂。

公元一千年前，估计有五亿中国人在耶稣受难日后死亡。他们在死亡之前，没有听过耶稣的名字。这些人在对耶稣基督一无所知的情况下死了。如《启示录》20:3-5 中提到的，这群人将会在撒旦被释放时，"暂时"活一下。他们会活在世上，就像在伊甸园一样，撒旦也会又一次在那里迷惑他们。一切都恢复到跟亚当犯罪以前一样，包括撒旦的迷惑。但是第二个亚当不会像第一个亚当那样把对世界的管控交给撒旦。

生活在千禧年中的人和那些暂时复活的人都会活得像上帝一开始设计让亚当和夏娃生活的样子，就是在犯罪以及诅咒吞噬上帝的创造之前那样。上帝告诉了亚当诅咒的原因以及它会带来什么。

> 又对亚当说："你既听从妻子的话，吃了我所吩咐你不可吃的那树上的果子，地必为你的缘故受咒诅。你必终身劳苦，才能从地里得吃的。地必给你长出荆棘和蒺藜来，你也要吃田间的菜蔬。你必汗流满面才得糊口，直到你归了土，因为你是从土而出的。你本是尘土，仍要归于尘土。"[6]

没有人能回到诅咒之前，只有亚当和夏娃活着的时候，但是基督修复了上帝计划中的裂缝。本来，上帝打算让亚当和夏娃以及全人类过上正常的生活，免于疾病、杀戮、自杀、儿童虐待、疾病、性侵犯、奸淫、遗弃、盗窃、欺骗、奴役和一般

---

[6] 《创世记》3:17-19。

的邪恶。如果亚当没有犯罪，他和他的家人最终会吃生命树上的果子，获得荣耀的身体，并与上帝一起享受永生。但是，他们犯了罪，为了让人类重新得到永生的恩赐，耶稣就必须死。

亚当和夏娃只是被禁食"善恶树"上的果子。到犯罪之前，生命树上的果子他们一直都可以吃。在他们犯罪之后，上帝将他们赶出了伊甸园，并确保他们不再吃得到生命树上的果子。"于是（上帝）把他赶出去了。又在伊甸园的东边安设基路伯，和四面转动发火焰的剑，要把守生命树的道路"（《创世记》3:24）。上帝阻止亚当和夏娃永远活在堕落后的状态。信徒会吃到生命树上的果子，"得胜的，我必将上帝乐园中生命树的果子赐给他吃"（《启示录》2:7）。

在千禧年中，诅咒会被消除，但人性还会存在于每个有肉体的人身上。《以西结书》46:13 中说到，在上帝国期间还会有赎罪祭，这意味着罪恶会继续存在。这些献祭的作用是提醒我们：耶稣为全人类所做的事情。所有属血气，有肉体的人都会犯罪，也将会在千禧年期间犯罪（《罗马书》3:23）。如果人类能活着不犯罪，他们就不需要耶稣拯救他们了。基督是唯一通往永生的门。只有获得荣耀身体的人才会成为无罪的。耶稣基督付出消除诅咒的代价："若因一人的过犯，众人都死了，何况上帝的恩典，与那因耶稣基督一人恩典中的赏赐，岂不更加倍地临到众人吗？"（《罗马书》5:15）

耶稣翻转了亚当所做的一切，并且归还了亚当所失去的一切。"那些受洪恩又蒙所赐之义的，要因耶稣基督一人在生命中作王"（《罗马书》5:17）。"就称义来说，上帝赦免了那些有罪者或失败者。圣经清楚地表明，上帝不会因努力遵守律法而免去罪人的罪。一个人要称义——被宣告为义的——只能是基于信"[7]。藉着让其余的死人复活并进入荣耀的上帝国，耶稣将为数十亿人提供舒适的人生。"死既是因一人而来，死人复活也是因一人而来。在亚当里众人都死了，照样，在基督里众人也都要复活"（《哥林多前书》15:21-22）。基督在"死人复活"中拥有的权能，包括肉体的复活和荣耀身体的复活。

在那一千年结束时，基督会让其余的死人复活并让他们在撒旦被释放出来继续迷惑众人时，活那暂时一下的时间。这些人将会头一次了解到耶稣基督，并且做一个选择来接受祂或拒绝祂。他们会复活，然后会死去，他们的尸体会被放入坟墓。如果接受了基督，他们的灵魂会在死后进入天堂，等待要获得他们的荣耀身体，就是最后一宗复活事件，称为白色大宝座的审判。那是发生在"暂时"那一小段时间结束之后。

如果拒绝基督，死后他们会在 *Sheol*（*阴间*）等待在最后一宗复活事件中，被判入火湖，与上帝永远分开。

上帝计划中的救赎是一个个地提供给每一个人。那些等待太久的人要灭亡了。愿上帝在祂的义中有怜悯。

---

[7] L. 理查兹与 L. O. 理查兹《导师注解》（惠顿：维克多图书，1987年），第813页。L. Richards, and L. O. Richards, *The Teacher's Commentary* (Wheaton, IL: Victor Books, 1987), 813.

七宗复活

第十一章

第七宗复活事件——白色大宝座

我又看见一个白色的大宝座与坐在上面的。从他面前天地都逃避，再无可见之处了。

《启示录》20:11

第七宗复活事件是白色大宝座的审判。这是最后的审判，记载在《启示录》20:11。当"死了的人，无论大小，都站在宝座前"（《启示录》20:12），这就是那灵魂的"大庄稼"。这时，死亡和阴间也被扔在火湖里（《启示录》20:14）。这里不再有死亡，不再有悲伤，不再有哭号，也不再有痛苦。再也没有坟墓，因为在这次审判时坟墓都会被清空。接受耶稣为救主的人会与上帝一起得到永生。拒绝耶稣为救主的人会被永久投入火湖，因为他们为了肉体的骄傲与欲望而拒绝耶稣。

在白色大宝座的审判中，耶稣会唤醒所有死人，而不是《但以理书》12:2 中提到的"多人"。在白色大宝座的审判中，所有的坟墓都会被清空。在《约翰福音》5:28-29 中，耶稣说所有听到他声音的人都要出来，"你们不要把这事看作稀奇，时候要到，凡在坟墓里的，都要听见他的声音，就出来。行善的复活得生，作恶的复活定罪"。最后的审判已经到来。

"在人类的末世论当中，人子的主要作用就是发出这个决定性的召唤，将死人从坟墓中召出来，进到二选一的宿命"[1]。

耶稣说所有听到祂声音的死人都要从坟墓中出来，不要把这事看作稀奇，这让祂的听众很震惊。耶稣让他们知道，当所有的人在最后的审判中复活时，会有大事发生。这将是基督要收的大庄稼。

千禧年期内或是在撒旦被释放的那"暂时"的短期内活过的人如果接受了救赎，在白色大宝座的审判中，他们会和自己的灵魂复合一起来获得荣耀的身体，这将在那段"暂时"的时间一结束后马上发生。在死后，他们的灵魂在天堂中等待白色大宝座审判的到来。

千禧年期内或是在那段"暂时"期内活过的人，如果拒绝了救赎，在白色大宝座审判中，他们会被投入火湖作为永久的惩罚，这将在那段"暂时"的时间一结束后马上发生。在死后，他们的灵魂在 *Sheol*（*阴间*）等待白色大宝座审判的到来。

之前提到的千禧年开头的绵羊与山羊的审判是多人而非所有人的复活。白色大宝座的审判是对每个活人与死人的审判。这时，所有的坟墓都被打开了。绵羊与山羊的审判和白色大宝座的审判互不相同。两次所审判的是不同一批复活的人，而且相隔了一千多年之久。

《圣经》并不支持说每个人都会得到救赎。普救论并非出自《圣经》。这个理论是建立在人类试图自我拯救的基础。很多人都会被永久投入火湖，这是《圣经》所述的一件事实。上帝在《圣经》中提出的计划，确保了每个人都有机会认识耶稣。在认识了耶稣是谁之后，每个人都将作一个决定来接受或

---

[1]　G.L.博彻特，《约翰福音 1-11》，第 25A 卷（田纳西州，纳什维尔：布罗德曼&霍尔曼出版公司，1996 年），第 241 页。G. L. Borchert, *John 1–11,* Vol. 25A (Nashville, TN: Broadman & Holman Publishers, 1996), 241.

拒绝基督。"审判的重点将会是上帝实际上所说过的话。上帝通过耶稣以及先知和其他圣经书作者传达的言辞，构成了最终要顺服的权威。他们是信心的信息。上帝最终会根据人们如何接受以及回应《圣经》所说的话来审判他们。这不是一个普遍的邀请，而是一个从黑暗转向光明，出死入生的命令"[2]。

接受基督的人都会与他一起得到永生，拒绝基督的人都会被投入火湖作为永久的惩罚。在所有活过的人都认识了耶稣基督，并做出他们接受或拒绝救赎的决定之后，白色大宝座的审判就到了。然后，当新耶路撒冷从天而降的时候，新天新地就来了。

悲伤的眼泪不再流了，上帝会擦去所有的眼泪。这个不再流泪的应许引发了一个问题：圣徒们怎么可能不会为火湖中的人哭泣呢？也许答案是：所有圣徒都知道每个被投入火湖的人都拒绝了上帝赐予他们的怜悯。他们拒绝了上帝的怜悯，所以给他们用公义代替。我们必须等待答案。"惟有等候耶和华的，必承受地土"（《诗篇》37:9）。"但那等候耶和华的，必从新得力，他们必如鹰展翅上腾，他们奔跑却不困倦，行走却不疲乏"（《以赛亚书》40:31）。

> 我又看见一个新天新地，因为先前的天地已经过去了，海也不再有了。我又看见圣城新耶路撒冷由上帝那里从天而降，预备好了，就如新妇装饰整齐，等候丈夫。
>
> 我听见有大声音从宝座出来说："看哪，上帝的帐幕在人间。他要与人同住，他们要作他的子

---

[2]　K. O. 甘格尔《约翰福音》第 4 卷（田纳西州，纳什维尔：布罗德曼&霍尔曼出版公司，2000 年），第 239 页。K. O. Gangel, *John*. Vol. 4 (Nashville, TN: Broadman & Holman Publishers, 2000), 239.

[3]　《启示录》21:1-5。

民，上帝要亲自与他们同在，作他们的上帝。上帝要擦去他们一切的眼泪。不再有死亡，也不再有悲哀、哭号、疼痛，因为以前的事都过去了。"坐宝座的说："看哪，我将一切都更新了。"又说："你要写上，因这些话是可信的，是真实的。"[3]

第十二章

结论

把上帝隐藏在祂话语中的深义寻找出来是重要的，同时，没有什么可以跟认识耶稣基督并与祂有一个个人的关系相提并论。耶稣是我们回到上帝身边的答案。对此，任何人都没有其他的选择。了解上帝是谁或祂有多爱罪人是一件不可能的任务。知道了上帝是计划让每一个人都认识耶稣，这以一种特殊的方式揭露了祂的仁爱。

上帝掌握着每个人的未来，因为他创造了每个人以及世间万物来表达他的慈爱。当祂允许以利亚呼求火从天上降下来，烧灭一百多人（《列王记下》1:11-13）的时候，祂知道祂会使这些人复活。对祂来说他们的死亡只是暂时的。当所多玛和蛾摩拉被摧毁时，当数百万人在洪水中死亡时，当原子弹炸死数十万人时，当世界大战杀死数百万人时，上帝已经知道祂会使这些人复活。每个人都会认识到耶稣是救世主，并且做出自己的选择。没有人会永远保持死掉的状态。每个人的永恒宿命都取决于理解了上帝提供的救赎之后，所作的选择是接受基督还是拒绝祂。

相信上帝是全能的，比相信上帝充满怜悯更容易。权能是容易理解的。暴君每天都在展示自己的权能。怜悯来自上帝，恩典来自上帝，上帝是施怜悯的大师，而且祂是恩典的创始者。上帝不会仅仅因为人们从来没有听过耶稣的名字而把他们投入火湖。上帝会让他们接受最后的审判，因为祂是公义的，祂不会让罪恶逍遥法外。基督为一切罪恶付出了代价。每个有罪的人都需要做的，就是让耶稣这个赎罪祭抹去他们的罪恶，所以他们能够永远与上帝同在。耶稣告诉他的门徒"你们是世上的光。城造在山上，是不能隐藏的。人点灯，不放在斗底下，是放在灯台上，就照亮一家的人"（《马太福音》5:14-15）。在下一节中，耶稣继续告诉祂的门徒他们应该做什么，"你们的光也当这样照在人前，叫他们看见你们的好行为，便将荣耀归给你们在天上的父"。基督徒应该让他们的光照在他人前，来归荣耀于我们在天上的父。基督也会这样做，所以祂将归荣耀于在天上的父。

耶稣将让祂的光照在所有的男女和万族之前，叫他们看见祂的善行，并将荣耀归于祂在天上的父。耶稣不会隐藏祂的光，而且祂的光必照耀世上的一切。他的光会一直照亮死亡的黑暗，并归荣耀于天上的父。

上帝将一个显而易见的生死选择，摆在每个人的面前。然后祂发出命令，让每个人都选择生。永恒的生死选择在人的手上，但是这个选择的开始是上帝通过耶稣基督所提供的一件礼物。在进行选择时，每个人都必须明白，自己是有选择的。耶稣是每一个信徒以及，到头来也是，每一个拒绝者的创造者和终结者，即阿拉法和俄梅戛。

"仰望为我们信心创始成终的耶稣。（或作仰望那将真道创始成终的耶稣）他因那摆在前头的喜乐，就轻看羞辱，忍受了十字架的苦难，便坐在上帝宝座的右边"（《希伯来书》12:2）。他为了让我们能与祂同在永恒里的喜乐，忍受了十字架的苦难。耶稣的生与死都是为了我们每一个人，祂还赐予所有人救赎。请选择生！

参考文献

戴尔·艾里森《拿撒勒的耶稣：千年先知》，明尼阿波利斯：佛特瑞斯出版社，1998 年。Allison, Dale C. *Jesus of Nazareth: Millenarian Prophet.* Minneapolis: Fortress Press, 1998.

大卫 R. 安德森，《自由恩典救世神学》，梅特兰，佛罗里达州：旭隆出版社，2010 年。Anderson, David R. *Free Grace Soteriology.* Maitland, FL. Xulon Press. 2010.

G. K 比尔《启示之书：对希腊经文的评论评注》，大急流城：佩特诺斯特出版社，1999 年。Beale, G. K., *The book of Revelation: a commentary on the Greek text.* Grand Rapids, MI: Paternoster Press. 1999.

G. L. 博彻特，《约翰福音 1-11》，第 25A 卷，田纳西州，纳什维尔：布罗德曼&霍尔曼出版公司，1996 年。Borchert, G. L. *John 1–11,* Vol. 25A. Nashville: Broadman & Holman Publishers. 1996.

杨三蔡，《末世大卫的牧羊人耶稣》。德国：莫尔·西贝克，2006 年。Chae, Young Sam. *Jesus as the Eschatological Davidic Shepherd.* Germany: Mohr Siebeck, 2006.

亚当·克拉克《旧约和新约注释》，第 1-3 卷。纳什维尔：阿宾登出版社，1824 年修订版。1974 年。Clarke, Adam. *Old and New Testaments with A Commentary and Critical Notes,* Vol. 1-3. Nashville: Abingdon Press, 1824 ed. 1974.

托马斯 L·康斯特布尔《但以理书注释》，沃思堡：Sonic Light 出版社，2016 年。Constable, Thomas L. *Notes on Daniel.* Fort Worth, TX: Sonic Light, 2016.

罗布·达尔林普尔，《启示录和两位先知》，尤金地区，奥尔：维普和斯道克出版社，2011 年。Dalrymple, Rob. *Revelation and the Two Witnesses*. Eugene, OR: Wipf and Stock Publishers, 2011.

肯特·多布森，《一世纪新国际版圣经研究：犹太和早期基督教经文探究》，密歇根州，大急流城：宗德文，1973 年。Dobson, Kent. *NIV First-Century Study Bible: Explore Scripture in its Jewish and Early Christian Context*. Grand Rapids, MI: Zondervan, 1973.

K．H．伊利斯，《启示录》12 卷，（纳什维尔，田纳西州：布罗德曼和侯曼出版社，1998 年）。Easley, K. H. *Revelation* Vol. 12. Nashville, TN: Broadman & Holman Publishers, 1998.

P. 艾林沃思，H. 哈顿，《保罗致哥林多人首封书信手册》，纽约：美国圣经协会，1995 年。Ellingworth, P. Hatton, H. *A handbook on Paul's first letter to the Corinthians.* New York: United Bible Societies. 1995.

K. O. 甘格尔《约翰福音》。田纳西州，纳什维尔：布罗德曼&霍尔曼出版公司。2000 年。Gangel, K. O. *John.* Nashville, TN: Broadman & Holman Publishers. 2000.

D. E. 加兰，《哥林多前书》，格雷德·拉皮兹，MI：贝克学术出版社，2003 年。Garland, D. E. *1 Corinthians.* Grand Rapids, MI: Baker Academic. 2003.

约翰·哈格《钦定版圣经预言》。田纳西州，纳什维尔：托马斯·尼尔森，2011 年。Hagee, John. *The New King James Version Prophecy Bible.* Nashville, TN: Thomas Nelson, 2011.

威廉·哈勒斯《年代学与地理学新论》。伦敦：C. J. G. 和 F. 里文顿。1830 年。Hales, William. *A New Analysis of Chronology and Geography.* London: C.J.G. & F. Rivington. 1830.

保罗 H. 安德里《以色列学--出生权、以色列家族、天国与人子》。罗利市，北卡罗来纳州：Lulu. com. 2008 年）。

Handree, Paul H. *Israelology – The Birthright, House of Israel, Kingdom, and Sons of God.* Raleigh NC: Lulu.com. 2008.

马修•亨利，《马修•亨利评注圣经：完整版》（皮博迪，MA：亨德里克森，1994 年）。Henry, Matthew. *Matthew Henry's commentary on the whole Bible: complete and unabridged in one volume.* Peabody, MA: Hendrickson. 1994.

大卫•霍金，《启示录：理解未来》，加利福利亚州，奥兰治，加拿大：允诺出版社，2014 年。Hocking, David. *The Book of Revelation: Understanding the Future.* Orange, CA: Promise Publishing, 2014.

I. 霍华德•马歇尔：《路加福音：希腊圣经评注》，埃克塞特，英格兰：伯特马斯出版社，1978 年。Marshall, I. Howard. *The Gospel of Luke: a commentary on the Greek text,* Exeter, England: Patermoster Press, 1978.

H. A. 艾恩塞得《启示录讲座》，新泽西，内普丘恩：鲁瓦佐兄弟出版社，1920 年。Ironside, H. A. *Lectures on the Book of Revelation.* Neptune, N. J.: Loizeaux Brothers. 1920.

R. 杰米逊，A. R. 福塞特. D•布朗，《圣经批判性评论和阐述第二卷》，橡港市，华盛顿州：桑德凡，1997 年。Jamieson, R., Fausset, A. R., Brown, D. *Commentary Critical and Explanatory on the Whole Bible* Vol. 2. Oak Harbor, WA: Zondervan. 1997.

C. F. 凯尔，F. 德里奇《旧约注释》马萨诸塞州，皮博迪：亨德里克森。2006 年。Keil, C. F., Delitzsch, F. *Commentary on the Old Testament,* Vol. 10. Peabody, MA: Hendrickson. 2006.

S. J. 基斯特梅克，W. 汉哲生《希伯来书简述》。大急流城：贝克图书出版社，第 15 卷。1974 年。Kistemaker, S. J., Hendriksen, W. *Exposition of Hebrews.* Grand Rapids: Baker Book House, Vol. 15. 1974.

安德烈·拉科克和保罗·里科尔，大卫·皮罗尔译，《圣经视角下的释经学研究》，芝加哥，伊利诺伊州：芝加哥大学出版社，1998 年。LaCocue, Andre, Ricoeur, Paul. *Thinking Biblically Exegetical and Hermeneutical Studies.* Chicago, IL: The University of Chicago Press, 1998.

查尔斯·米斯勒《圣经联合学会金牌课程》。爱达荷州，波斯特福尔斯：联合出版社。2013 年。Missler, Charles. *Koinonia Institute Gold Medallion Courses.* Post Falls, ID. Koinonia House. 2013.

查尔斯·米斯勒，《不能逝去的时代》，自媒体新闻杂志（博斯特福尔斯，ID：联合公署，2000 年 9 月），khouse.org/articles/2000/289/#notes。Missler,Charles. *This Generation Shall Not Pass.* Personal Update News Journal. Post Falls, ID. Koinonia House. Sept. 2000. *khouse.org/articles/2000/289/#notes.*

J. S.莫勒《复活》埃尔金：弟兄出版社，1901 年。Mohler, J. S. *The Resurrection.* Elgin, IL: Brethren Publishing House, 1901.

詹姆斯·尼斯贝特《清晨的守候》第 2 卷。伦敦：挨勒顿和亨德森，1832 年。Nisbet, James. *The Morning Watch* Vol. 2. London: Ellerton and Henderson, 1832.

塞缪尔·诺伯《代表信仰和生命教义的呼吁》，纽约：约翰·艾伦，1851 年。Noble, Samuel. *An Appeal in behalf of the Doctrines of Faith. and Life* New York: John Allen, 1851.

约翰·德怀特五旬节《即将发生的事情》，大急流城：桑德凡出版社，1965 年）。Pentecost, John Dwight. *Things to Come.* Grand Rapids, MI: Zondervan. 1965.

约翰·菲利普斯，《探索创世记：注释评论》，密歇根州，大急流城：克雷格尔出版社，2009 年。Phillips, J. *Exploring Genesis: An Expository Commentary*. Grand Rapids, MI: Kregel Publications, 2009.

迈克•鲍威尔，《耶稣的胜利》，泰勒，德克萨斯州：迈克•鲍威尔出版社，1979 年。Powell, Michael. *Victory in Jesus.* Tyler, TX: Michael Powell, 1979.

弗莱明•H•雷维尔，《国际预言会议研究》，多伦多：S. R. 布雷格斯，1886 年。Revell, Fleming H. *Prophetic Studies of the International Prophetic Conference,* Toronto: S. R. Briggs, 1886.

L. 劳伦斯. O. 理查德，《圣经读者之友》，惠顿，伊利诺伊州：维克多书籍出版社，1991 年。Richards, L. & Richards, L. O. *The Bible reader's companion.* Wheaton: Victor Books. 1991.

L. 理查兹与 L. O. 理查兹《导师注解》。伊利诺伊州，惠顿：维克多图书。1987 年。Richards L. & Richards, L. O. *The teacher's commentary.* Wheaton, IL: Victor Books. 1987.

詹姆斯 A. •舒尔茨《德国中世纪儿童知识》。宾夕法尼亚州，费城：宾夕法尼亚大学出版社，2015 年。Schultz, James A., Jr. *The Knowledge of Childhood in the German Middle Ages.* Philadelphia PA: University of Pennsylvania Press, 2015.

查尔斯•西蒙《霍莉说教：耶利米写给致但以理信》，第九卷伦敦：霍尔兹沃思与鲍尔，1832 年。Simeon, Charles. *Horae Homileticae: Jeremiah to Daniel.* London: Holdsworth and Ball, Vol. 9. 1832.

H. D. M 斯宾塞《讲坛评论》，第 2 卷。伦敦；纽约：芬克&瓦格纳公司。1990 年。Spence, H. D. M. *The Pulpit Commentary,* Vol. 2. London; New York: Funk & Wagnalls Company. 1990.

戴维德 H. 斯坦恩《犹太新约评论：犹太新约姊妹卷》。马里兰州，克拉克斯维尔：犹太新约出版社。1992 年。Stern, David H. *Jewish New Testament Commentary: A companion Volume to the Jewish New Testament.* Clarksville, MD: Jewish New Testament Publications. 1992.

R. E. 范•哈恩，《经文选评论：安息日经文神学注解》（第二卷），格雷德•拉皮兹，MI：伊尔德曼斯出版公司，2001年。Van Harn, R. E. *The lectionary commentary: theological exegesis for Sunday's texts, volume two.* Grand Rapids, MI: Eerdmans. 2001.

戴夫•伟尔曼《孩子问神的惊人问题》，惠顿，伊利诺伊州：丁道尔出版社，1992年。Veerman, David. *Amazing uestions Kids Ask about God.* Wheaton, IL: Tyndale House Publishers. 1992.

R. B. 朱克，《圣经知识评论：经卷阐述》第二卷，惠顿，伊利诺伊州：维克多书籍出版社，1983年。Walvoord, John F. & Zuck, R. B. *The Bible Knowledge Commentary: An Exposition of the Scriptures,* Vol. 2. Wheaton, IL: Victor Books. 1983.

约翰•华富尔德沃尔沃德，《马修：你的天国国降临》，大急流城，MI：克雷格尔出版社，1998年。Walvoord, John F. *Matthew: Thy Kingdom Come.* Grand Rapids, MI: Kregel Publications. 1998.

纳撒尼尔•威斯特，《但以理的伟大预言：东正教天国的问题东方问题》，纽约：以色列希望运动之希望出版社，1898年。West, Nathaniel. *Daniel's Great Prophecy, the Eastern Question of the Kingdom.* New York City: Hope of Israel Movement, 1898.

W. W. 维斯比，Be Comforted《蒙受慰藉》，惠顿，伊利诺伊州：维克多书籍出版社，1996年。Wiersbe, W. W. *Be Comforted.* Wheaton, IL: Victor Books. 1996.

W. W. 维斯比，《圣经述评》第一卷，惠顿，伊利诺伊州：维克多书籍出版社，1996年。Wiersbe, W. W. *The Bible exposition commentary* Vol. 1. Wheaton, IL: Victor Books. 1996.

休斯顿•伍德《和平研究之邀请》，纽约：牛津大学出版社，2015年。Wood, Houston. *Invitation to Peace Studies.* New York: Oxford University Press. 2015.

关于作者

　　2010 年 7 月，路易斯·鲍威尔随教会人员前往非洲加纳进行了第一次传教旅行。他带了一个存有当地语言版本《圣经》的十字形 MP3 播放器。路易斯把此语音《圣经》送给了当地村民。在非洲的那几天改变了他的生命。带着对当地村民的爱，他回到了家里。

　　非洲之行后，路易斯成立了一个非营利性慈善机构——"若不是他们听见"。路易斯亲自到过 17 个国家，进行了 30 多次旅行，来发放语音《圣经》，并同时教导和分享上帝的话语。在许多事工的合作与帮助下，《圣经》MP3 播放器被发到了 50 多个国家。

　　路易斯在九岁时成为了一名基督徒。自从十六岁蒙召以来，他一直在研究和教导《圣经》。他与妻子贝丝结婚已有二十八年，并有五个已婚的孩子和十五个孙儿。路易斯与九个哥哥姐姐和一个妹妹在德克萨斯州东部的一个农场长大。2010 年，中国人感动了他的心。他已经来过中国十八次，并将基督的道理教导了数千人。虽然他的传教之行并不是每次都安全，但感谢上帝的保守，他每次都安全地回到家中。

　　2013 年，他达到了金牌级别，是由孔诺尼亚学院查尔斯米斯勒颁发的最高等级。2014 年，应查尔斯米斯勒之请，路易斯担任孔诺尼亚事工社的首席执行官一职。2016 年，他著作了七宗复活一书。2017 年，路易斯从路易斯安那浸信会大学获得了圣经研究的硕士学位。目前，路易斯继续在国内外担任讲员和《圣经》教师的工作。

联系方式：

Unless They Hear Ministries
P.O. Box 247,
Carthage, TX 75633
USA

（*邮寄时请用以上的英文地址，以下中文仅供参考）
「若不是他们听见」事工
美国德克萨斯州迦太基市邮政信箱 247 号
邮编 75633

致谢

感谢我的孩子，在进行研究时允许我就该话题进行了啰嗦的讨论。感谢我的女婿亨特，虽然有些内容不太符合逻辑，但他依然坚持让我把自己的所思所想的都说了出来，还熬了很长的工作时间，帮我寻找解决方案。感谢牧师艾伦蒂莉博士能够与我交谈那么多个钟头。在我试图找到各种难题的答案时，如挚友一般开诚布公、直言不讳。感谢你！

感谢所有中国牧师和小组领导！我向他们传扬圣道，并告诉他们其祖先也可以成为基督徒，此间他们给予我极大的鼓励和欣慰。感谢 Z 先生和 C 先生，他们为了保护我的安全冒了极大的风险。感谢 S 先生，是他向我敞开心扉，将其教堂和中国向我开放，使我目睹了上帝对中国的仁爱。感谢 C 夫人，是她向我展现了作为基督徒遭受迫害时的忍耐，以及透过她每天对上帝的服事所流露的上帝之爱。感谢一百个中国基督教组织，这些组织成员分工，对《圣经》中的每一个字都进行了研读，从而确认这七宗复活事件不与《圣经》经文相悖。

感谢查尔斯米斯勒对《圣经》的教导，也感谢他与我所做的交谈，让我的生命与耶稣更上一层楼！